ZEITREISE
OBERSCHWABEN

THOMAS KAPITEL

ZEITREISE OBERSCHWABEN

Menschen, Orte und Ereignisse,
die Geschichte schrieben

SILBERBURG

INHALT

Bibliothekssaal des Klosters Wiblingen in Ulm.

Die Reichsabtei Ochsenhausen pflegte Bildung und Wissenschaft, ab 1788 mit eigener Sternwarte.

VORWORT

Oberschwaben ist mehr als Barock und Moore: Das Land zwischen Alb und Bodensee weist eine Geschichte auf, die in jeder Hinsicht einzigartig ist. Das geht schon in der Eiszeit los, als riesige Gletscher aus den Alpen diese Hügellandschaft formten mit ihren Moränenhügeln und Seen. Hier lauerten die ersten Homo-sapiens-Menschen den Rentierherden auf, hier blühte bereits zur Bronzezeit der Fernhandel über die Alpen, hier bauten Keltenfürsten ihr Troja hoch über der Donau, wachten römische Legionäre über den Donaulimes. Mit den Alemannen wurde es richtig lebendig: Sie rodeten und siedelten, brachten ihre Sprache und Ortsnamen mit. Die Kultur zog hier früher ein als in anderen Regionen. Das Kloster Sankt Gallen sorgte ab fränkischer Zeit für Gründungen und Urkunden, die Welfen und Staufer für Burgen und Städte, fromme Ritter durch Stiftungen für die Gründung zahlreicher Klöster. Der Fernhandel mit Leinen und Gewürzen brachte im späten Mittelalter reichen Wohlstand in die Städte.

Spätestens hier trennte sich die Geschichte Oberschwabens vom Rest des Schwabenlands. Während Württemberg noch ein kleines Herzogtum am Neckar war, besaß das Haus Österreich hier viele Ländereien und Städte. Die freien Reichsstädte und Reichsklöster waren dem Kaiserhaus in Wien treu, die Adligen in Habsburgs Diensten. Man hatte mit Innsbruck und Wien zu tun, mit Stuttgart dagegen wenig bis gar nichts. Während die Realteilung in Altwürttemberg alle Erbschaften zerstückelte, galt in Oberschwaben das Anerbenrecht: Der älteste Sohn erbte den ganzen Hof; Besitz und Wohlstand blieben erhalten. Die weiteren Kinder waren im Handwerk gut versorgt, das dank der Klöster prächtig blühte. Große Höfe, stolze Bauern: Dass der Bauernkrieg ausgerechnet in Oberschwaben am heftigsten tobte, ist ebenso typisch wie der Blutfreitag in Weingarten. Bei der größten Reiterprozession Europas begegnet der Oberschwabe »selbst dem Herrgott gegenüber hoch zu Ross«, wie es der Politologe Hans-Georg Wehling beschreibt.

Von Kriegen wurde das Land hart getroffen. Kaum Schlachten, aber durchziehende Armeen »verheerten« Oberschwaben im wahrsten Sinne des Wortes. Nach 1648 war alles kaputt, der Wiederaufbau wurde zum Triumphzug der Gegenreformation: Der Katholizismus erstrahlte in nie dagewesener Pracht, gesponsert vom Kaiserhof, mit barocken Klöstern und Kirchen. Bis die Revolutionskriege die große Wende brachten: Zwei Schlachten habe ich herausgepickt, die erste Schlacht bei Biberach 1796 (es gab eine zweite im Jahr 1800) und die bei Ostrach 1799. Mit der Aufhebung der Klöster im Jahr 1803 und der Mediatisierung 1806 stellte Napoleon alles auf den Kopf. Oberschwaben, bisher das Land der Klöster und Reichsritter, wurde zum größten Teil in das neue Königreich Württemberg eingegliedert.

Von außen gesehen ist das Land zwischen Alb und See ein Idyll, für Touristen das Südtirol Baden-Württembergs. Dabei blühten hier immer schon Geschäftigkeit, Bildung und Innovation. Hier fuhr die Eisenbahn früher als anderswo, hier wurden nach dem Zweiten Weltkrieg Baukräne und Wohnwagen neu erfunden. Und es wurde ein Wellness-Paradies erschaffen – von den Moorbädern der 1960er-Jahre bis zur größten Thermenlandschaft Süddeutschlands.

Freuen Sie sich auf 54 Geschichten von der Riß-Kaltzeit bis zur Storchenparade 2005. Lassen Sie sich Zeit beim Lesen und genießen Sie die Zeitreise durch Oberschwaben.

Friedrichshafen, im September 2021
Thomas Kapitel

Die Türmerin führt Besucher durch die Historie der Stadt Ravensburg.

200 000 bis 10 000 vor Christus

Gletscher formen die Landschaft

Moore und Seen, Moränenhügel und Drumlins: Die Gletscher der Eiszeit, wissenschaftlich genauer der Riß- und Würm-Kaltzeit, haben Oberschwaben zu dem geformt, was es heute ist. Die Eismassen vieler Gletscher haben hier geschoben und gegraben, abgeschabt und fein gemahlen, und das macht heute diese Landschaft so einzigartig.

Gletschertore und Toteislöcher sind die Fachbegriffe der »Glazialmorphologie«, die jedes oberschwäbische Schulkind kennt. Durch die einen fährt man, in den anderen badet man. Oberschwaben lag fast zweihunderttausend Jahre unter Eis – mit Zwischenzeiten – und die Hinterlassenschaften sind hier allgegenwärtig. Vor etwa 200 000 Jahren schob sich der Rheingletscher weit ins Alpenvorland bis über die heutige Donau vor (die Riß-Kaltzeit ist sogar nach einem oberschwäbischen Fluss benannt) und führte auf seinem Rücken mächtige Stein- und Geröllmassen mit, die sich auf dem tertiären Untergrund ablagerten. Der Rheingletscher überspannte die Region vom Rißtal bis über die Schwäbische Alb, die sich damals noch nicht gehoben hatte.

Der letzte große Eisvorstoß begann vor etwa 25 000 Jahren in der Würm-Kaltzeit, erreichte aber nur noch etwa die Mitte des heutigen Oberschwabens und hinterließ die »Endmoränen«, Höhenrücken, die die Wasserscheide zwischen Rhein und Donau bilden. Höhenzüge wie Wagenhart und Atzenberg bei Bad Saulgau, der Hügelkamm um Bad Schussenried, die Grabener Höhe bei Bad Waldsee: alles von Gletschern wie eine Bugwelle vor sich hergeschoben und beim Rückzug liegengelassen. Die Schmelzwasser bahnten sich ihren Weg nach Norden, durch heute noch sichtbare Gletschertore im Moränenwall – meist führen hier heute Straßen durch. Beim Abfluss hinterließen sie jede Menge Schotter – weshalb die Landschaften nördlich der Endmoräne etwas ausgeglichener, sanfter gestaltet sind. Mit den Abflussbecken hinterließen sie das ungeliebte »Gold Oberschwabens«: unglaubliche Kiesvorkommen, deren Abbau in großen Gruben wüste Löcher in der Landschaft und im besten Fall Baggerseen hinterlässt.

Die »richtigen« Seen aber wurden von letzten Resten der Gletscher geformt. Wo nach dem Rückzug der Gletscher noch über Jahrtausende ein riesiger Brocken Eis vor sich hinschmolz, drückte er sich in den weichen Boden. Diese »Toteislöcher« liefen mit Wasser voll. Heute schwimmt man darin wundervoll zwischen Seerosen und Libellen. Die meisten Toteislöcher findet man südlich der Endmoräne, das größte allerdings nördlich in der Altmoräne: den Federsee. Die großen Feuchtgebiete, die Riede und Moore, sind ebenfalls Hinterlassenschaften der geschmolzenen und nicht abgeflossenen Wassermassen. Und »Findlinge« findet man überall: mächtige Felsbrocken aus allen Regionen der Alpen.

Man kann sich nicht vorstellen, welche Gewalt hinter den bis zu 700 Meter hohen Eiskolossen steckte, die über Jahrzehntausende vorne abschmolzen und hinten von den Alpen her nachgeschoben wurden. Manche Hügel aus härterem Material wurden dabei abgeschliffen wie Kamelbuckel: Diese runden Drumlins prägen die Hügellandschaft im südlichen Oberschwaben und im Allgäu. Nur einen Berg haben die Gletscher der Riß-Kaltzeit weder geschaffen noch geschafft: den Bussen. Der stand schon vorher da und schaute unverrückbar aus dem Rheingletscher heraus. 150 000 Jahre lang. Kein Wunder, dass ihn die Oberschwaben als »Heiligen Berg« verehren.

Der Häckler Weiher im Dornacher Ried bei Fronreute: feuchtes Erbe aus der Gletscherzeit.

12 000 vor Christus

Rentierjäger ziehen ein

Auftritt: der Mensch. Die allerersten Oberschwaben waren Jäger der Mittleren Steinzeit. Zum Ende der Kaltzeit war hier Tundra, alles kahl und baumlos. Und die ersten Homo-sapiens-Menschen jagten Rentiere. Bei der Schussenquelle fand man im Jahr 1866 durch Zufall die Überreste eines Lagers dieser mobilen Jäger.

Sie zogen den Rentieren nach wie Sioux-Indianer den Bisons. Auch Wildpferde, selbst Bären standen auf ihrem Speiseplan. Ihre bevorzugte Waffe: die Speerschleuder. Die Spitzen der leichten Speere trugen scharfe Klingen aus Feuerstein oder zerspantem Rentiergeweih. Mit Zelten waren sie unterwegs, lagerten gerne am Wasser. An der Schussenquelle etwa, einem geschützten und beliebten Lagerplatz, von dem aus sie den Rentierherden auf ihren saisonalen Wanderungen auflauerten. Er lag dazu sehr praktisch an einem Engpass in der Moränenhügelkette zwischen den Wassern des Aulendorfer Kaltzeitsees und des Ur-Federsees. Hier schlugen sie ihre handlichen Zelte auf, die aus Rentierfell gefertigt, leicht und einfach zu transportieren waren. Besonders im Herbst trafen sich hier wohl mehrere Jägergruppen, denn genau zu dieser Jahreszeit schlossen sich auf ihrer Wanderung zu den Winterweiden riesige Herden zusammen. Das versprach eine überaus üppige Beute. Das Fleisch bot sich durch Trocknung auch bestens als Wintervorrat an.

Der Vergleich mit einem Indianerlager in der Prärie ist nicht weit hergeholt. Dabei hatten die Männer ihre Familien wohl in festeren Wohnstätten zurückgelassen. Den Funden nach blieb man wohl nicht länger, als zur Jagd und Beuteverarbeitung nötig war. Man darf sich die Cro-Magnon-Menschen als durchaus modern vorstellen – keine Neandertaler mehr, sondern die Ersten der Art Homo sapiens. Sie bewegten sich und kommunizierten, wie wir es heute tun. Sie lebten in Sippschaften von bis zu 30 oder 40 Personen. Sie machten Musik, malten Bilder und hatten kultische Riten. Im Périgord in Südwestfrankreich fand man Höhlenmalereien, in Höhlen der Schwäbischen Alb Flöten und kleine Skulpturen. Die Frauen trugen Schmuck, die Männer ebenfalls: Bärenkrallen, Adlerfedern – womit sich Jäger halt so schmücken. Sie dürften dunklere Haut und dunkle Haare gehabt haben, aber helle Augen. Und sie trugen warme Kleidung: Es war immer noch Eiszeit; das Klima in der Tundra glich damals eher dem des heutigen Sibirien. Nähnadeln aus Knochen wurden benutzt, Tierhäute zu Leder gegerbt: Die Haute Couture der Rentierjäger war mehr als bloßes Bärenfell.

Die Schussenquellen-Funde im Jahr 1866 galten als sensationell und waren 1867 sogar auf der Pariser Weltausstellung zu sehen: Von Menschenhand bearbeitete Rentiergeweihe passten zu den kurz zuvor entdeckten Höhlenmalereien von Lascaux und belegten die These, dass in Mitteleuropa in den Zwischenperioden der letzten Kaltzeit tatsächlich Menschen lebten.

Wohin die Rentierjäger verschwanden? Man weiß es nicht, und viele waren es auch nicht, vielleicht 10 000 Menschen in ganz Europa. Sie wurden auch nie zu sesshaften Siedlern. Das waren dann völlig neue Zuwanderer in der Jungsteinzeit, die aus Kleinasien Ackerbau und Viehzucht mitbrachten, die auch viel zahlreicher waren und die stolze Jägergesellschaft an den Rand drängten.

Ein Rentierjäger bearbeitet vor seinem Zelt ein Geweih: »Living History« im Federseemuseum.

OBERES
SCHWÄBISCHE ALB
DONAUTAL
MENGEN
WILD-PARK
KRAUCHENWIES
MESSKIRCH
SIGMARINGEN
INZIGKOFEN
GUTENSTEIN
Schloss Bronnen
Schloss Werenwaag
Burg Wildenstein
Felsengallerie bei Gutenstein
SCHLOSS SIGMARINGEN
WALLFAHRTSORT BEURON
Kirchen-Ruine Mariahilf b. Mühlheim
BEURON
HAUSEN
LEIBERTINGEN
BUCHHEIM
FRIDINGEN
DONAU
MÜHLHEIM
STETTEN
NENDINGEN
V. STUTTGART
TUTTLINGEN
ALPENPANORAMA VON DEN ANHÖHEN DES DONAUTALES AUS
VORARLBERG
SÄNTIS
GLARNER-ALPEN
BERNER-
Blick vom Witthoh b. Tuttlingen
NACHBILDUNG VERBOTEN.
HERAUSGEGEBEN VOM VEREIN ZUR HEBUNG DES FREMDENVERKEHRS IM OBEREN DONAUTAL
ART. INSTITUT ORELL FÜSSLI, ZÜRICH.

10 000 vor Christus

Die Donau kommt von der Alb herab

Die »Urdonau« floss in der Vorkaltzeit (Pliozän) vor rund zwei Millionen Jahren noch auf der Schwäbischen Alb, etwa 250 bis 100 Meter über dem Niveau der heutigen Donau. Wie sie am Ende der Riß-Kaltzeit von der Alb herunter nach Oberschwaben kam und was das Donautal in seinem heutigen Verlauf so malerisch macht, ist für Geologen ein historisches Abenteuer.

Am Anfang war das Feuer. Genauer gesagt: Die Erdplatten, die auf Magma schwimmen, reiben sich hier aneinander. Das gab zwar nie Vulkanausbrüche, aber tektonische Verschiebungen und immer wieder Erdbeben im »Zollerngraben«, zuletzt 1978. Tektonische Verschiebungen hoben auch den Meeresboden aus der Jurazeit nach oben, weshalb man auf der Alb noch heute Schwammriffe und versteinerte Haifische findet. Während die Alb weiter herausgehoben wurde, hat sich die Donau auf ihr heutiges Niveau eingetieft. Dabei fraß sie sich einen tiefen Canyon in den Jurakalk, schuf sich ihr Durchbruchstal zwischen Geisinger Pforte und Sigmaringen. Das erklärt auch die vielen Trockentäler auf der Alb: Sie stammen von kleinen Nebenflüssen der Urdonau, die durch die Hebung der Alb, durch deren zügige Verkarstung und die damit verbundene Wasserversickerung trockengefallen sind. Manche der Bäche flossen einfach im Untergrund weiter, bohrten sich ein unterirdisches Bett in den porösen Kalkstein.

Ein weiterer Durchbruchsabschnitt der Donau liegt dann zwischen Munderkingen und Ulm. Den Eingang des heute trockenen Kirchener Tals sowie die heutigen Täler von Schmiech, Ach und Blau hat sich die Donau damals mit ihrem mitgeschleppten kaltzeitlichen Schotter selbst zugeschüttet. So musste sie sich ihren Lauf weiter südlich suchen. Die linken Nebenflüsse konnten mit der Eintiefung der Donau Schritt halten und sich der Verkarstung entziehen – und sind deshalb nicht ausgetrocknet.

Zwischen Riedlingen und Zwiefaltendorf stieß die Gletscherzunge des Rheingletschers in der vorletzten Kaltzeit, der Riß-Kaltzeit, bis über den heutigen Lauf der Donau vor. Das kann ein geübtes Auge an den Moränenablagerungen bei Binden und im Bibertal westlich von Riedlingen erkennen. Die Donau musste sich also damals eine Umfließungsrinne um die Gletscherzunge herum suchen. Nach dem Rückzug des Gletschers fand die Donau zwischen den beiden Durchbrüchen im oberschwäbischen Albvorland Platz.

Was uns heute von diesem geologischen Abenteuer bleibt, ist der Canyon der Oberen Donau, der vom Flugzeug aussieht wie ein Riss in der Landschaft mit seinen malerischen Kalkfelsen. Dann die weite Donauebene am Bussen, ein von den Gletschern geschaffenes Storchenparadies, und die romantischen Täler der Ur-Donau im Raum Ehingen, allen voran das Blautal.

Die Donau schuf sich einen Canyon im Kalkfels, dann ab Sigmaringen ein weites Tal – Plakat von 1906.

4000 bis 1000 vor Christus

Dörfer auf Pfählen, Burgen im Moor

In der Jungsteinzeit kamen sesshafte Menschen ins Land, die Ackerbau und Viehzucht betrieben, jagten, fischten und handelten. Die größten Pfahlbaudörfer aus der Jungstein- und Bronzezeit wurden in der Federsee-Region entdeckt, gesiedelt wurde aber bereits in ganz Oberschwaben.

Von »Burgen im Wasser« hat man zu Kaisers Zeiten geschwärmt. Pioniere waren sie durchaus, unsere Vorfahren vor 6000 Jahren. Aber heute weiß man: Die Hütten und später Häuser ihrer Siedlungen standen zwar auf Pfählen, die hatten sie aber wohl eher in den moorigen Boden ufernaher Wiesen gerammt. Beim Entwässern der Federsee-Moore vor 150 Jahren stieß man auf Überreste erstaunlicher Kulturen: Lanzen- und Pfeilspitzen aus Feuerstein und geschliffene Steinbeile, vor allem aufwendig verzierte Tongefäße. Und Einbäume, jede Menge und im Moor bestens konserviert: Mit diesen aus einem einzigen Baumstamm gehauenen Booten warfen die Siedler Netze aus, fingen Hechte und Welse. Rehe, Hirsche und Wildschweine jagten sie mit Lanzen und mit dem Bogen, damals eine relativ neue Erfindung. Das Fleisch der Tiere sorgte als Beilage zu Hirse, Zwergweizen, Einkorn und Linsen für eine kräftige Kost. Als Haustiere hielt man Torfrinder, Schafe, Pferde und Hunde. Man nahm sich vor Bären, Wölfen und Luchsen in Acht. In den in Haufen und Zeilen angeordneten Häusern der Siedlungen lebten bis zu 200 Menschen.

Um 3000 vor Christus änderten sich mit der Einführung von Rad und Wagen auch die Siedlungsformen: Straßendörfer entstanden, deren überaus große Häuser auf eine zentrale Dorfstraße ausgerichtet waren. Die Pfahlbau-Dörfer der Bauern und Jäger entwickelten sich zu Handelszentren: In der Bronzezeit ab etwa 2000 vor Christus wurde der Federsee zu einem wichtigen überregionalen Verkehrsknoten, an dem Waren aus aller Welt umgeschlagen und weiterverhandelt wurden – vom Alpenrhein bis an die Donau und weiter nach Osteuropa. Die Siedlung Forschner etwa, sie ist eine von vier Welterbestätten am Federsee. Mit ihrem starken, mehrfach gegliederten Befestigungssystem lag sie geschützt und strategisch günstig am Scheitelpunkt des Handelswegs zwischen Schussen- und Donautal.

Glanzpunkt um 1000 vor Christus ist die »Wasserburg Buchau«, eine der bedeutendsten spätbronzezeitlichen Fundstätten nördlich der Alpen. Den Funden nach lebte man hier recht nobel – die ersten großen Siedlungen Oberschwabens wussten nicht nur den Handel zu schützen, sondern waren auch Ausdruck von Macht und Reichtum. Die stattlichen Burgen standen im Moor, immerhin, wenn schon nicht im Wasser.

Wie man in den Pfahlbausiedlungen lebte, kann man heute hervorragend im Federseemuseum Bad Buchau erleben. Dort sind die Funde aus den Moorsiedlungen ausgestellt. Das Freigelände aber ist richtig spannend: Hier sind Nachbauten von Häusern samt Inventar der ansehnliche Schauplatz für »Living History« in jeder Spielart.

www.federseemuseum.de

▲ Festung im Moor: die Siedlung Forschner im Modell.
▼ Pfahlbau-Häuser im Federseemuseum Bad Buchau.

2900 vor Christus

Wir haben das Rad erfunden!

Die Wiege des rollenden Verkehrs in Europa könnte offenbar in Oberschwaben liegen: Der Fund hölzerner Scheibenräder im oberen Schussental gilt als Sensation. Das Holz stammt aus der Zeit um 2900 vor Christus. Radfunde aus dieser Zeit kannte man bislang nur aus dem persischen Raum.

Wer hat's erfunden? Die Oberschwaben! Zumindest für ihre Vorfahren in der Jungsteinzeit könnte das gelten. Denn was hier im Olzreuter Moor bei Bad Schussenried 2009 zu Tage trat, ließ die Archäologen staunen: In der jungsteinzeitlichen Pfahlbausiedlung wurden offenbar nicht nur die ältesten Räder Mitteleuropas gebaut und verwendet – es könnte ein Forschungs- und Entwicklungszentrum der Steinzeit-Mobilität gewesen sein. Die Teile von vier großen Scheibenrädern, das Fragment einer Wagenachse und ein kleines Modellrad sind jedenfalls von außerordentlicher wissenschaftlicher Bedeutung. Die Räder haben einen Durchmesser von 54 bis 58 Zentimeter und sind aus Ahornholz gebaut, die schwalbenschwanzförmigen Einschubleisten aus Esche gefertigt – wie bei allen im nördlichen Alpenvorraum gefundenen Rädern aus der Jungsteinzeit. Die Härtung und Imprägnierung der Räder im Feuer, wie sie hier vorgenommen wurde, kannte man bereits von Fundstellen in Slowenien.

Die Laboruntersuchung des Holzes datiert das Material auf die Zeit von 2900 bis 2897 vor Christus. Die bisher ältesten Radfunde von Tell Hariri in Mesopotamien datieren auf 2850 vor Christus und sind damit zumindest ein paar Jahre jünger. Bisher ging man davon aus, dass jungsteinzeitliche Siedler das Rad aus dem Vorderen Orient mit nach Europa gebracht haben. Die Funde von Olzreute belegen nun die These, dass die Erfindung des Rades unabhängig an mehreren Orten stattfand, sowohl im Schwarzmeergebiet und im Vorderen Orient als auch in Europa, besonders im Donauraum und im Alpenvorland.

Die Olzreuter Räder weisen zudem technische Besonderheiten auf. Das große Rad eines schweren, von Rindern gezogenen Arbeitskarrens saß auf einer drehenden Achse, die unter dem Wagenrahmen rotierte. Doch daneben fand man zwei feine Räder mit einer Lauffläche von nur einem Zentimeter. Sie waren aus einem Stück gefertigt, dazu mussten die Radbauer einen gewaltigen Ahornbaum von 60 Zentimeter Stammdurchmesser gefällt haben. Und das Achsloch ist so geformt, dass sich der Drehimpuls gleichmäßiger auf die Flanken des Achslochs verteilt. Diese Form des optimierten Achslochs war für die Archäologen neu. Damit war klar, dass hier nicht nur ein ausgereifter Radtypus übernommen worden war, sondern dass hier in Oberschwaben an der Erfindung weiter getüftelt wurde.

Und das kleine Modellrad? Nach der Glanzpolitur im Achsloch muss es auf einer festen Achse rotiert sein. Experimentierten hier die Radbauer am Modell? Oder gehörte es zu einem Miniaturwagen für kultische Zwecke? Es gibt wohl noch viel zu entdecken im Olzreuter Ried: Im Bereich der Grabungsstätte »Enzisried« vermuten die Archäologen noch große Teile mindestens eines jungsteinzeitlichen Dorfes. Zigtausend feucht konservierte Hölzer, dabei vermutlich weitere Räder und Wagenteile, liegen noch immer unangetastet im Moor.

www.denkmalpflege-bw.de

Sensationsfund im Olzreuter Ried: Das Rad wird an der Fundstelle gesichert.

500 vor Christus

Eine keltische Stadt wird reich

Die Heuneburg bei Hundersingen muss um 500 vor Christus ein imposanter Anblick gewesen sein: Ein Keltenfürst hatte hier seinen Sitz – und nicht nur das: Es war eine keltische Stadt, der älteste namentlich erwähnte Ort Deutschlands. Und je mehr die Archäologen im Umfeld finden, desto größer werden die Ausmaße des oberschwäbischen Troja. Das die gleiche Art Festungsmauer hatte wie sein Homer'sches Vorbild – und ein ähnlich flammendes Ende fand.

Schon von der Bundesstraße aus sieht man die helle Mauer hoch über dem Donautal: Ein Stück der weiß getünchten Lehmziegelmauer wurde für das Freilichtmuseum rekonstruiert. Vor 2500 Jahren muss es noch imposanter ausgesehen haben, als die weiß gekalkte Wehrmauer das gesamte Hochplateau umschloss, das 300 Meter lang und bis zu 150 Meter breit ist. Sogar der griechische Schriftsteller Herodot sprach im 5. Jahrhundert vor Christus von »Pyrene, der keltischen Stadt an der Donau«.

Über Rhône und Donau unterhielten die Bewohner Handelsbeziehungen bis nach Griechenland, wie Scherbenfunde beweisen. Importiert und benutzt wurde das edle Geschirr in der Zeit des Perikles, als Athen in voller Blüte stand. Hergestellt wurde es wesentlich früher. Hatten die griechischen Händler dem Keltenfürsten mit seinem Griechenland-Fimmel ausrangierte Ladenhüter verkauft? In Athen dürfte die Keramik aus der Mode gewesen sein; den Kelten war das offensichtlich nicht wichtig. Oder sie haben sie günstiger bekommen. Typisch schwäbisch eben.

Der Handelsweg führte damals über den griechischen Hafen Marseille die Rhône hinauf und die Donau hinunter. Unterhalb der Heuneburg dürften die Frachtboote angelegt haben; ein Weg führte hinauf zum »Donautor«, das heute Teil der Rekonstruktion ist. Die Seite zum Plateau hin mit dem Haupttor war noch stärker befestigt, mit Wehrtürmen und einem Wallgraben.

Ein schwäbisches Troja – das war die Stadt über der Donau auch der Befestigung nach: Lehmziegelmauern findet man in jener Zeit sonst nur südlich der Alpen, bei den Griechen und Etruskern. Die Häuser innerhalb der Mauer waren weniger mediterran: strohgedeckt, aus Holz gezimmert, mit Lehmwänden und gestampften Böden, wie man es hierzulande seit der Steinzeit kannte. Im Handwerkerviertel der Burg wurden Metallobjekte aus Bronze und Eisen hergestellt, die auch zum Export bestimmt waren.

Die Fürsten von der Heuneburg wurden mit allem Pomp jener Zeit unter großen Grabhügeln bestattet. Eine solche Grabkammer wurde 2020 als ganzer Block geborgen. Nur 100 Meter weiter fand man die Gräber einer vornehmen keltischen Dame und eines dreijährigen Mädchens, mit außergewöhnlich reichen Beigaben aus etruskischem Gold, Bernstein von der Ostsee und Hornfibeln aus Slowenien. Die Bestattung der »Fürstin vom Bettelbühl« lässt sich anhand der Hölzer auf das Winterhalbjahr 583/582 vor Christus datieren.

Irgendwann ging die Heuneburg dann auch wie Troja unter: Man fand Brandspuren und verbogene Pfeil- und Speerspitzen, die auf ein gewaltsames Ende deuten. Ein gutes Stück der Lehmziegelmauer wurde original rekonstruiert, komplett mit begehbarem Wehrgang, Wallanlagen und zwei Toren. Einige rekonstruierte Häuser, parallel angeordnet, geben einen kleinen Eindruck der damaligen Stadt-Struktur. Ein großer Herrenhof lässt den Glanz ahnen, der einst in seiner Halle herrschte, als man von griechischem Geschirr speiste und sich in Mode aus Oberitalien kleidete.

www.heuneburg.de

Ein schwäbisches Troja hoch über der Donau: Modell im Heuneburg-Museum in Hundersingen.

45 nach Christus

Römer sichern den Donauweg

Das Römerkastell in Ennetach bei Mengen war Teil des Rätischen Limes, als die Donau noch die nördliche Grenze des Römischen Reichs war. Auch wenn es keine 50 Jahre lang besetzt war, ehe die Grenze über die Alb vorgeschoben wurde: Die Römer hinterließen einiges. Darunter Spuren gehobenen Lebensstils und ein Dorf, aus dem später die Stadt Mengen werden sollte.

Schon vor über 200 Jahren hat man hier römische Münzen gefunden, aber erst 1997 förderten Archäologen des Landesdenkmalamts zu Tage, was einst ein befestigtes Römerlager war: Strategisch ideal, auf einem Bergsporn am Zusammenfluss von Donau und Ablach, unterhielt die römische Armee hier ein Kastell, aus Holz und Erde gebaut. In dreieckiger Form, was ungewöhnlich war, aber der Form des Bergsporns geschuldet. Vier Bauphasen sind nachgewiesen, in der spätesten hatte das Lager ein Ausmaß von drei Hektar, geschützt durch einen bis zu drei Meter tiefen Graben.

Kaiser Augustus hatte bei seinem Alpenfeldzug die heutige Region Oberschwaben erobert. Das Kastell Ennetach gehörte zu einer Kette von Kastellen von Tuttlingen bis Rißtissen, mit denen die Römer zur Zeit des Kaisers Claudius die »Donausüdstraße« und die Donau selbst als Teil der nördlichen Grenze des Imperiums absicherten. Um das Jahr 85 wurden sie militärisch bedeutungslos: Das Reich war größer, die Grenze nach Norden verschoben worden.

Die Soldaten brachten römische Kultur und Lebensweise nach Oberschwaben. Auch wenn in den Lagern an der Donau zumeist gemischte Hilfstruppen lagen, die Soldaten sprachen und schrieben Latein, pflegten römische Ess- und Trinksitten und verehrten römische Götter. Händler lieferten ihnen Waren aus Italien und Frankreich, denn auch in der Fremde wollte man nicht auf die gewohnten Dinge verzichten. Und sie führten ein funktionierendes Münzwesen ein; der Sold wurde den Legionären meist in bar ausgezahlt.

Davon profitierten sicherlich die Menschen im »Vicus«, der Siedlung, die sich am Fuß des Ennetacher Bergs entwickelt hatte. Hier fanden Archäologen die üblichen Zivilisationsreste inklusive einer großen Schusterwerkstatt. Und man fand die Reste einer befestigten Furt über die Ablach, den Übergang der Römerstraße ins heutige Mengen. Prachtvollstes Fundstück aus einer nahen Villa ist der Teil eines großen, farbigen Bodenmosaiks, das den Kopf der Sagengestalt Medusa darstellt und heute im Landesmuseum in Stuttgart zu sehen ist.

Bis zu den Germaneneinfällen um 260 blühte also 200 Jahre römisches Leben in Oberschwaben. Zahlreiche Gutshöfe mit stattlichen Villen samt römischer Badeanlage sind nachgewiesen, davon alleine 22 im Landkreis Sigmaringen, unter anderem in Laiz, Bingen, Inzigkofen und Heudorf bei Meßkirch. Zahlreiche Gutshöfe gab es auch im Dreieck Biberach-Ravensburg-Ostrach. Die zuständige römische Hauptstadt war Brigantium, das heutige Bregenz am Bodensee. Ähnliche stadtartige Siedlungen gab es in Oberschwaben keine.

Und was geschah mit Ennetach? Den Römern folgte offenbar die Alemannensippe eines gewissen Meino, gründete an der Römerfurt ihr Dorf Meinoingen, das irgendwann sprachlich zu Mengen zusammenschrumpfte. Als im Mittelalter die Städte befestigt wurden, tat man dies lieber mit dem neuen Siedlungsplatz direkt an der Hauptverkehrsstraße jenseits der Ablach. Das alte Dorf wurde zu »Ennet Ach«: die Häuser über der Ach drüben.

www.mengen.de

Die »Medusa von Mengen«: das einzige erhaltene Bodenmosaik der Römerzeit in Oberschwaben.

Die Alemannen besiedeln das Land

So richtig besiedelt wurde Oberschwaben erst in der Völkerwanderung. Hatten sich die Kelten und Römer noch entlang der Flusstäler und damit der Handelsstraßen aufgehalten, waren es die Alemannen, die ersten Schwaben also, die hier ab dem 3. Jahrhundert größere Siedlungen gründeten, die Wälder rodeten, die Landschaft zum Blühen brachten. Und die den Orten ihre Namen gaben, im wahrsten Wortsinn.

Bis dahin muss man sich ganz Oberschwaben als dichten Urwald vorstellen. Bis in die Römerzeit siedelte man am Bodensee und im Donautal. Der Rest war Dickicht, nur durchschnitten von der Nord-Süd-Straße entlang der Täler von Riß und Schussen. Als die Römer um 260 den Limes aufgaben und sich zurückzogen, rückten Germanen nach: Alemannen nannten sie sich, ein Zusammenschluss mehrerer Stammesverbände also. Darunter ein Großteil Sueben, die einst von Mitteldeutschland bis zur Ostsee lebten. So landeten die Schwaben südlich der Donau – zumindest die Anständigen, die nicht mit den Vandalen nach Hispanien gezogen waren.

Die »alemannische Landnahme« ist etwas, das alle oberschwäbischen Schulkinder irgendwann lernen müssen. Denn nur so sind die Ortsnamen verständlich. Die Alemannen kamen in Sippschaften, siedelten in der »ersten Welle« in den komfortablen Lagen an größeren und kleineren Flüssen. Ihren neuen Standort nannten sie nach ihrem Chef und hängten ein »ingen« dran. Ein »Ing« ist ein Gefolgsmann eines Anführers, das »ingen« ist der Dativ Plural auf die Frage »wo« oder, genauer, »bei wem«: Man ging zu den »Sigmar-ingen« oder den »Herbert-ingen«, wenn es in die Siedlungen der Anhänger eines gewissen Sigmars oder Herberts ging.

Phase zwei war dann die »Ausbauphase«, auch »zweite alemannische Landnahme« genannt: Die Alemannen in den Ingen-Siedlungen hatten sich kräftig vermehrt und neue waren ins Land gekommen. Also ging es an die Lagen der Kategorie B. Der Urwald musste weichen, die neuen Siedler machten sich kräftig ans Roden. Wieder gab der Stammeschef den Ortsnamen, doch diesmal hängte man ein »Reute« oder »Ried« dran. Oder, weil es eher kleine Siedlungen waren, ein Hofen, Hausen, Stetten oder Beuren. Das sind alte schwache Pluralformen für Höfe, Häuser, Stätten oder Gebäude (das Wort »Bauer« für Scheune oder Hütte lebte noch lange im Vogelbauer, dem heutigen Vogelkäfig). Oder Wang für Flurstück. Und weil der Schwabe maulfaul ist, haben sich viele Ortsnamen zusammengezogen und abgeschliffen. So wurde Oludins Rodungssiedlung zu Olzreute, die Flurstücke der Herren Tatto und Otto zu Tettnang und Otterswang.

Die Nachfolger der Namensgeber entwickelten sich oft zu Ortsadel-Familien, die Hab und Gut ebenso anhäuften wie Einfluss und Macht. Erste Herrschaftssitze und Burgen wurden gebaut, der Bereich ausgedehnt. Bald war das alemannische Oberschwaben in niederadelige Herrschaften unterteilt, die sich nicht selten blutige Fehden lieferten. Ab dem 7. Jahrhundert übernahmen die Franken das Regiment; mit ihnen kamen die Mönche und das Christentum.

Fundstücke aus jener Zeit zeigt das Alamannenmuseum Weingarten:
www.weingarten-online.de

Alemannen-Paar, rekonstruiert nach einem Gräberfund aus dem 6. Jahrhundert bei Weingarten.

324
329
336
356
358

700

Franziska spaltet den Schädel

Die Merowingerzeit scheint in Oberschwaben doch recht gewalttätig gewesen zu sein. Kaum hatten die Alemannen hier Fuß gefasst, drängten die Franken herein und beanspruchten die Herrschaft. Drei Männer hat es dabei gewaltsam erwischt: Auf einer Felskuppe hoch über der Donau bei Inzigkofen hat man sie mit ihren Waffen und Sporen bestattet. 40, 20 und 9 Jahre alt. Ein Vater und seine Söhne?

Die Mörder müssen im Hinterhalt gelauert haben. Auf jeden Fall scheint es sehr schnell gegangen zu sein. Der Kampf war hart und äußerst brutal. Den Zwanzigjährigen trafen zwei Lanzenstiche in den Rücken. Beim Knaben genügte offenbar ein gezielter Schwerthieb in die Halsbeuge. Ein solcher dürfte auch den Ältesten außer Gefecht gesetzt haben. Bei den beiden Männern gingen die Angreifer auf Nummer sicher, dass sie tot sind: mit Messerstichen aus nächster Nähe. Da dürften sie bereits wehrlos gewesen sein. Der Vierzigjährige scheint die wichtigste Person gewesen zu sein: Ihm versetzte man noch einen kräftigen Hieb auf den Kopf. Mit solcher Wucht, dass es ihm den Schädel seitlich spaltete. Die Waffe, die hier zum Einsatz kam, hinterließ deutliche Spuren, mit der heutige Forensiker sie identifizieren konnten: eine »Franziska«, eine handliche Hieb- und Wurfaxt, eine Art »Tomahawk« der Franken.

Die Merowinger waren das älteste Königsgeschlecht der Franken ab dem 5. Jahrhundert. Sie wurden 751 vom Geschlecht der Karolinger abgelöst. Ihre Epoche markiert den Übergang von der Zeit der Spätantike und Völkerwanderung zum frühen Mittelalter. In der Zeit vor 700 dehnten sie ihr Herrschaftsgebiet südlich der Donau bis Kärnten aus, eroberten die Siedlungsräume der Alemannen und Bajuwaren. Fränkischen Eliten sagte man nach, sie hätten Verträge und Eide missachtet und ohne Zögern zu gewaltsamen Mitteln gegriffen. Das habe sich im Laufe des 7. Jahrhunderts in permanenten Fehden und Bürgerkriegen bis zur »berserkerhaften Wildheit« gesteigert, bei der selbst kirchliche Würdenträger nicht verschont blieben. Erst mit der Zeit Karls des Großen kehrte so etwas wie Ordnung ein.

Diese Zeit haben unsere drei Ur-Inzigkofener aber nicht mehr erlebt. Ob sie in einer der vielen Fehden jener Zeit zu Tode kamen, ob es ein Zufallstreffen war oder ein gezielter Mordanschlag, ob sie auf freiem Feld vom Pferd geholt wurden oder ob ihr Hof überfallen wurde, ob sie Krieger in fränkischen Diensten oder deren Feinde waren: Sicher ist nur, dass sie einer angesehenen Schicht von Reiterkriegern angehörten. Darauf weisen ihre Sporen hin: Jeder der drei Toten trug einen Reitersporn am linken Fuß. Der Vierzigjährige war der gesellschaftlich am höchsten Gestellte, als solcher lag er an der südlichsten Stelle der Grabkammer. Ob er ein Warlord war? Ein hoher Amtsträger?

Dazu legte man ihre Waffen mit ins Grab: Lanze, Langschwert (Spatha) und Kurzschwert (Sax). Demnach zählte auch der Neunjährige schon als Krieger. Das mag uns heute erstaunen. Doch man hat in Reihengräbern der Merowingerzeit auch schon Frauen gefunden, die mit Kampfverletzungen und ihren Waffen beerdigt wurden. Offenbar musste damals kämpfen, wer kämpfen konnte.

Die Grabbeigaben zeigen den hohen Stand der drei Reiterkrieger: Jeder trug einen Sporn am Knöchel.

750

Die Göge: Rebellisch, aber nicht gottlos

Zwischen Bad Saulgau, Mengen und Ostrach lebt heute noch ein besonders freiheitsliebender Menschenschlag. Die Ursprünge gehen auf verbriefte Freiheitsrechte und Privilegien der ersten fränkischen Siedler um den Hohentenger Kugelberg zurück. Das machte die Bewohner der »Göge« bis in die Neuzeit zu notorischen Rebellen, die mehr auf Selbstverwaltung bauten und sich jeder Adelsherrschaft widersetzten.

Die Göge wurde in der Völkerwanderung erst relativ spät besiedelt. Ortsnamen wie Günzkofen, Völlkofen, Enzkofen, Beizkofen und Ölkofen weisen auf Einzelgehöfte hin. Im Mittelalter »-chofen« geschrieben, entstanden aus »-inghofen«. Die Bezeichnung »Göge« wurde zuerst nur von den Bewohnern des Umlands benutzt, heißt »diese Gegend da« und bezeichnet die distanzierte Ablehnung, welche die Gögemer bei ihren Nachbarn genossen. Weil sie keine weltliche, von Gott eingesetzte Herrschaft anerkannten. »Bring mir ja kein Mädle von der gottlosen Göge«, wurde den Bauernburschen eingeschärft.

Die Gründung der heutigen Göge-Dörfer dürfte um das Jahr 750 erfolgt sein. Nach Unterwerfung der Alemannen siedelten die Franken an militärisch und politisch wichtigen Stellen Rodungssiedler an. Diese erhielten als Anreiz und Belohnung für ihre Dienste die Freiheit mit besonderen Privilegien und Sonderrechten, wie das freie Eigentum an ihren Gütern, Freizügigkeit innerhalb der Gemeinschaft, Gericht- und Waffenfähigkeit. Auf diese Weise wurden zwischen 750 und 820 auch in der Göge solche freien Leute angesiedelt. Dabei legten diese ihre Siedlungen wie einen Kranz um den Kugelberg an. Auf der Anhöhe dürften die ersten Siedler eine Kirche und einen königlichen Meierhof errichtet haben, der auch Gerichtsort war.

Die Gögemer selbst bezeichneten ihre Landschaft bis ins 19. Jahrhundert hinein als »Diengau«. Denn sie hatten hier ihre Thing-Stätte, eine Gerichtsstätte, wo heute die landschaftsprägende St.-Michaels-Kirche von Hohentengen steht. »Danga« heißt der Ort heute noch im Volksmund. Auch in habsburgischer Zeit waren die Diengauer freie, reichsunmittelbare Bauern, die ihre eigene Gerichtsbarkeit hatten. Samt dazugehörigem Galgenberg. Wie eine Art Schweizer Kanton mitten in Vorderösterreich also. Das änderte sich schlagartig im Jahr 1452, als das Haus Habsburg die Grafschaft Friedberg-Scheer an das Haus Waldburg verkaufte. Die freien Gögemer wollten sich nicht damit abfinden, dass sie ihre Pfarrer und Lehrer nicht mehr selbst wählen durften. Von den Versuchen, sie in die Leibeigenschaft zu zwingen, ganz zu schweigen. Dagegen haben sie rebelliert. Gewalttätig, wenn es sein musste. Im Bauernkrieg von 1525, wiederum 1591 mit einem legendären Aufstand, und danach immer wieder bis weit ins 18. Jahrhundert hinein. Bis heute hat die Gemeinde Hohentengen keine Ortschaftsräte oder Ortsvorsteher. »Des brauchet mir it; mir haltet zemma«, bekommt man das kommunalpolitische Unikum erklärt.

Die Gögemer sind weiß Gott alles andere als gottlos. Wer hier durchfährt, dem fallen die vielen Kapellen auf, die Wegkreuze, die Heiligenfiguren an den Häusern. Höhepunkt ist jedes Jahr im November die Reiterprozession am St.-Leonhards-Tag in Ölkofen. Hier kommt der alte Stolz der freien Göge-Bauern wieder voll zum Tragen.

www.hohentengen-online.de

Die Kirche von Hohentengen: Der »Hohe Thing« war einst der Gerichtsort der freien Göge-Bauern.

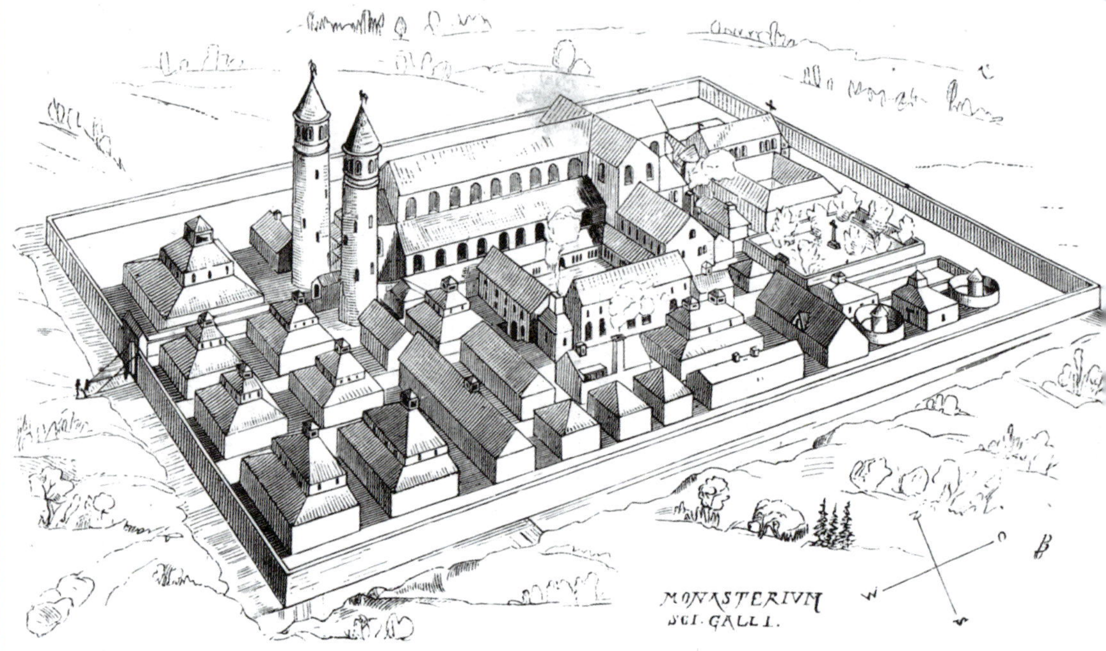

* Kloster Sanct Gallen nach dem Grundrisse vom Jahre 830. (Lasius).

830

Klosterbrüder bringen Kultur

Die Rolle des Klosters Sankt Gallen kann man gar nicht hoch genug einschätzen: Von dort ging zu Beginn des frühen Mittelalters die Christianisierung und damit die Kultivierung Oberschwabens aus. Wie es zur Zeit Karls des Großen zugegangen sein mag, kann man im Campus Galli bei Meßkirch erleben. Nach einem alten Plan des Klosters Sankt Gallen entsteht dort seit 2012 eine Klosterstadt aus dem 9. Jahrhundert.

Der Sankt Galler Plan ist einzigartig. Obwohl im frühen Mittelalter viele Bauwerke entstanden, ist kein anderer Bauplan aus jener Zeit bekannt. Gezeichnet wurde er um 830 von Mönchen auf der Insel Reichenau im Bodensee. Und liegt bis heute an dem Ort, für den er geschaffen wurde, in der Stiftsbibliothek des Klosters Sankt Gallen. Er ist demnach die älteste überlieferte Architekturzeichnung des christlichen Abendlands – die nächstjüngere für das Kloster Christchurch in Canterbury stammt aus dem 12. Jahrhundert. Der Klosterplan von 830 zeigt 52 Gebäude in ihrer Lage, Größe und Funktion. Teilweise mit Einrichtung, mit Tischen und Betten. Dabei bekommen wir einen tiefen Einblick in die Planung und Architektur von Bauwerken vor 1200 Jahren.

Es war eine bewegte Zeit: Das Reich Karls des Großen hatte seine größte Ausdehnung und stand, 15 Jahre nach dem Tod Karls, kurz vor der Reichsteilung. 30 Jahre vorher hatten Wikinger das Kloster Lindisfarne überfallen und bedrohten Europa von Norden. Doch die karolingische Verwaltung hatte Ordnung gebracht. Klöster wurden gegründet, die bis dahin heidnische Bevölkerung missioniert. Und die Klöster förderten Kultur und Bildung. Und mehr: Es scheint, als habe Oberschwaben damals erst Lesen und Schreiben gelernt. Fast alle Belege des frühen Mittelalters, von Verträgen, Schenkungen und Gründungen, gehen auf Urkunden des Klosters Sankt Gallen zurück, das quasi zum Notariat der ganzen Region wurde. Wichtig bis heute in Oberschwaben: Viele Orts- und Stadtjubiläen orientieren sich bei der Jahreszahl an der ersten urkundlichen Erwähnung in einem Sankt Galler Dokument

Wie damals gearbeitet wurde, findet man derzeit bei Meßkirch heraus. Campus Galli ist ein historisches Experiment und die wohl langsamste Baustelle Deutschlands; die Meßkircher wollen sich für die Klosterstadt 40 Jahre Zeit nehmen. Man nennt es »Experimentelle Archäologie«: Wenn man es selber probiert, gibt das beste Rückschlüsse auf Bautechnik und Architektur jener Zeit. Aber auch darauf, wie die Menschen sich damals wohl gefühlt haben mochten. Dem Besucher eröffnet sich hier der Blick auf eine Zeit, in der man in mühsamer Handarbeit schaffte. Jeder Ziegel wurde einzeln geformt, jeder Balken und jeder Stein von Hand behauen und mit Ochsenkraft transportiert. Hier entsteht nicht nur ein Kloster, sondern eine kleine Stadt mit Stallungen, Werkstätten, Nebengebäuden.

Auf Besucher ist man hier eingerichtet; das Eintrittsgeld unterstützt die Finanzierung des Projekts. Es gibt Handwerks-Vorführungen, interessante Rundtouren und den bleibenden Eindruck, dass das Mittelalter gar nicht so finster war, sondern schaffig und fröhlich. Es ging eben nur alles etwas langsamer.

www.campus-galli.de

▲ St. Gallen war das Ideal einer Klosterstadt. ◀ Der Originalplan von 1092. ▶ Historisches Experiment Campus Galli: Handwerker bauen bei Meßkirch die Klosterstadt nach.

1094

Weingarten erhält die Blutreliquie

Mit Christi Blut vermischte Erde: Damit machte die welfische Herzogin Judith von Flandern im Jahr 1094 dem Kloster Weingarten das größte Geschenk. Die Heilig-Blut-Reliquie gilt bis heute als wundertätig, als größtes Heiligtum Oberschwabens und zieht besonders am Blutfreitag nach Himmelfahrt die Pilger in Scharen an – ob zu Fuß oder zu Pferd.

Die Geschichte der Heilig-Blut-Reliquie beginnt mit der Kreuzigung und dem Lanzenstoß eines Hauptmanns namens Longinus in Christi Seite. Zusammen mit Erde von Golgota, so die Legende, soll jener Hauptmann Longinus die Blutstropfen von Palästina ins italienische Mantua gebracht haben. 804 wurde die Reliquie erstmals erwähnt, als Papst Leo III. im Auftrag Karls des Großen in Mantua Halt machte und nach dem Verbleib der Reliquie forschte. Hermann der Lahme, der Gelehrte von der Reichenau, berichtete 1048, dass das Kleinod wieder aufgefunden worden sei, an einem geheimen Ort und durch die Offenbarung eines Blinden. Vermutlich war es während der Sarazeneneinfälle versteckt worden.

1049 wurde die Reliquie in drei Teile aufgeteilt. Ein Drittel ging an Papst Leo IX., eines an den Herzog von Mantua und eines an Kaiser Heinrich III. Als der Kaiser starb, wurde sein Reliquien-Teil als Zeichen der Versöhnung an Balduin V. von Flandern weitergegeben. Judith von Flandern, wahrscheinlich dessen Schwester, erbte das Heilige Blut und schenkte es 1094 dem Kloster Weingarten, das die Welfen gegründet hatten.

Judith (1030–1094) führte ein bewegtes Leben und war eine wichtige Zeitzeugin der Eroberung Englands durch die Normannen. Ihre Nichte Mathilde von Flandern war die Frau von Wilhelm dem Eroberer. Judith heiratete Toste Godwinson, der Graf von Northumbria wurde und Bruder des englischen Königs Harald war, der in der Schlacht gegen Wilhelm 1066 bei Hastings ums Leben kam. Toste fiel kurz zuvor im Kampf gegen seinen Bruder bei Stamford Bridge. In zweiter Ehe mit Welf IV. wurde Judith Herzogin von Bayern. Sie ist im Kloster Weingarten begraben.

Das 35 Millimeter lange und zwei Millimeter breite Stäbchen, das das Blut Christi mit Erde von Golgota vermischt enthalten soll, wurde ursprünglich in Leinen aufbewahrt, bis Abt Berthold (1200–1232) die Reliquie in die heute noch übliche Form fassen ließ. Sie wird heute von einem hufeisenförmigen Bergkristall eingefasst, der in seiner jetzigen Form aus dem Jahr 1736 stammt.

Wahrscheinlich schon vor dem 16. Jahrhundert hat sich in Weingarten der Brauch ausgebildet, am Freitag nach Christi Himmelfahrt die Flurprozession mit Pferden abzuhalten und dabei statt dem üblichen Kreuzpartikel die Heilig-Blut-Reliquie mitzuführen. Der Blutfreitag gilt bis heute als der oberschwäbische Feiertag schlechthin und mit seinen über 2500 Reitern und ebenso vielen Musikanten als die größte und wohl auch älteste Reiterprozession Europas, die jedes Jahr mehrere Tausend Wallfahrer und Besucher zählt und traditionell am Abend von Christi Himmelfahrt mit der Festpredigt in der Basilika und der großen Lichterprozession zum Kreuzberg beginnt.

Und weil auch Mantua bis heute seine Heilig-Blut-Reliquie besitzt und verehrt, besteht seit 1998 eine Städtepartnerschaft mit Weingarten. In Mantua findet die Prozession am Karfreitag statt – und man besucht sich natürlich gegenseitig mit offiziellen Abordnungen.

www.blutfreitagsgemeinschaft-weingarten.de

Blutfreitag in Weingarten: das Heilig-Blut-Reliquiar in der Hand des Blutreiters.

SANGUIS
JESU CHRISTI

1220

Der Schatz des Reiches zu Gast

Die Waldburg bei Ravensburg ist eine der am besten erhaltenen Burganlagen Süddeutschlands. Dass sie selbst Bauernkrieg und Schwedensturm überstanden hat, liegt an ihrer abgeschiedenen Lage. Schon Staufer-Kaiser Friedrich II. brachte hier von 1220 bis 1241 die Reichskleinodien in Sicherheit: Über zwei Jahrzehnte war Oberschwaben damit der Nabel des Heiligen Römischen Reiches.

Es war ein langer Zug, der sich an jenem Maitag des Jahres 1220 von Süden her durch das Allgäu bewegte. Kein prunkvoller, eher ein stiller. Schwer bewaffnet und gut gesichert. Truchsess Eberhard von Tanne führte ihn. Ziel war sein Schloss Waldburg. Unter den Rittern stachen dunkelhäutige Elite-Krieger hervor: Sarazenen aus der Leibgarde des Kaisers. Die Männer waren müde und abgekämpft, denn sie hatten es im Frühjahrsschnee über die Alpenpässe geschafft, Kälte und Wegelagerern zum Trotz. Es galt, einen Schatz in Sicherheit zu bringen – den größten des Reiches: Kaiserkrone, Zepter und Reichsapfel, Heilige Lanze, Reichsschwert, Krönungsmantel. Die Insignien der Kaiserwürde. Objekte der Begierde.

Als der 25-jährige Friedrich auf dem Weg nach Rom Konflikte mit italienischen Städten hat, fürchtet er um die Sicherheit des Schatzes. »Durch mich regieren die Könige« – so steht es auf der Krone. Fällt sie in falsche Hände, verliert auch Friedrich seine Legitimation als Kaiser. So erteilt er seinem Vertrauten Eberhard von Tanne vor den Toren Bolognas den Auftrag, die Reichsinsignien auf die Veste Waldburg zu bringen.

Eberhard mit seinen Getreuen gelingt es nach rund zwei Wochen, den Kronschatz in der Kapelle der Waldburg sicher unterzubringen. Am 22. November 1220 werden Friedrich und seine Gemahlin Konstanze in der Peterskirche in Rom zu Kaiser und Kaiserin gekrönt. Friedrich ist auf dem Höhepunkt der Macht angelangt. Der Kronschatz sicher auf der Waldburg verwahrt.

Über zwei Jahrzehnte trägt Oberschwaben den Kronschatz des Heiligen Römischen Reiches im Herzen. Mönche von Weißenau erweisen den Reliquien und der Krone die Ehre. Tag und Nacht erklingen gregorianische Gesänge in den Mauern der Waldburg. 21 Jahre singen die Mönche ohne Unterlass. Eine Ehre für den, der dies tun darf. Oberschwaben wurde zum Nabel der Welt und blühte auf. Die Städte Ulm, Augsburg, Konstanz, Wangen und Lindau wuchsen im Glanz der Reichskrone auf der Waldburg.

Eberhard von Tanne-Waldburg diente in seinen 64 Lebensjahren allen drei Stauferkaisern als Truchsess, Barbarossa, Heinrich VI. und eben Friedrich II. Dessen Sohn Heinrich VII. wurde auf der Waldburg zum König von Deutschland ausgebildet und sein Truchsess Eberhard von Tanne-Waldburg war Berater und Reichsverweser des deutschen Reiches.

Den Reichkleinodien wurden mystische Kräfte nachgesagt. Die Reichskrone wurde möglicherweise im 10. Jahrhundert für den ersten deutschen Kaiser gefertigt, Otto den Großen. Die Heilige Lanze mit einem Kreuznagel als Reliquie ist bis zu zwei Jahrhunderte älter. Otto schwang sie bei der Schlacht auf dem Lechfeld, sie soll seine Truppen zum Sieg gegen die Ungarn geführt haben.

Heute nach 800 Jahren erstrahlt der Schatz wieder in den Mauern der Waldburg. Zu sehen sind originalgetreue Nachbildungen des Kronschatzes, von Krone, Zepter, Reichslanze, Reichsapfel, Reichsschwert. Die Originale sind in der Schatzkammer in Wien verwahrt.

www.schlosswaldburg.de

▲ Die Waldburg war 21 Jahre Zentrum des Reiches. ▼ Die Kaiserkrone als Replik auf der Waldburg.

1230

Holzklasse für arme Ritter

Burgen müssen nicht immer aus Stein sein: Die Bachritterburg in Kanzach bei Riedlingen ist ein rekonstruiertes Zeugnis einer Holzburg, wie sie niederadelige Ritter bauten. Eine Turmhügelburg, auch »Motte« genannt, wie sie ab dem frühen Mittelalter in ganz Europa entstanden. Was die Herren von Pflummern zu Kanzach hier um 1230 »zimmern« ließen, war dennoch ein repräsentativer und wehrhafter ländlicher Herrensitz.

Eine Burg aus Holz ...? Nein, das ist kein Abenteuerspielplatz, was man hier in Kanzach gleich neben der Durchgangsstraße sieht. Beim zweiten Blick entpuppt sich die Anlage als originale Rekonstruktion mit Wehr- und Wohnturm, Wirtschaftsgebäuden und Palisade. Die Burg des Bachritters von Kanzach wurde ab etwa 1230 tatsächlich rein aus Holz gebaut – so, wie es sich für einfache Rittersleute standesgemäß gehörte. Nicht nur aus Sparsamkeit: Steinburgen waren dem höheren Adel vorbehalten. Holzburgen konnte der Lehensherr auch leichter einnehmen, sollte sich der Ritter unbotmäßig verhalten.

Tatsächlich stand die Holzburg des Bachritters etwas weiter westlich auf einer Anhöhe, auf dem Kanzacher »Schlösslesberg«, wo heute noch der Turmhügel deutlich hervorragt. Solche Holzturmburgen brauchten weite Sicht, waren auch Teil eines Fackel-Alarmsystems bei Kriegsgefahr. Sie standen auf einem künstlichen Hügel, der beim Aushub des Burggrabens entstand, und waren schnell zu errichten.

Die Geschichte der Bachritter hängt wohl mit den Herren von Pflummern nördlich von Riedlingen zusammen. In deren Chronik werden vom 12. bis 14. Jahrhundert mehrfach »Herren von Kanzach« erwähnt. Ortolph, Sohn des Peregrinus von und zu Pflummern, wird in der Pflummer'schen Chronik als »Ritter und Herr zue Canzach« beschrieben. Fortan führen die Herren zu Kanzach den Beinamen »Bachritter«. Ortolph war also der erste Bachritter, wahrscheinlich auch erster Burgherr auf der Bachritterburg in Kanzach. Gestorben ist er im Jahr 1248. Ortolph hatte zwei Söhne: Petrus wurde Abt in Zwiefalten, Bertholdus ist 1296 als Ritter und Herr zu Kanzach bezeugt. Dessen Sohn Conradus beendete die Herrschaft derer von Pflummern in Kanzach mit seinem Tod 1366. Die Bachritterburg wurde dann mehrfach verkauft, unter anderem an einen Herrn von Blankenstein, und schließlich 1392 durch Brandschatzung eingeäschert: Den Blankensteins nicht wohl gesonnene Buchauer Bürger setzten die Bachritterburg in Brand. Blankensteins Mutter Agathe wurde bei dieser Gewalttat »verbrent und geschadget«. Die Burg wurde nie wieder aufgebaut.

Das geschah erst wieder im Jahr 2001: Eine Kanzacher Zimmerei-Firma rekonstruierte den Holzturm zunächst als Projekt. Da man keine Grabungsbefunde hatte, diente die Wasserburg Eschelbronn als Modell für die Rekonstruktion. Schnell waren die Kanzacher begeistert und gründeten einen Förderverein. So entstand ab 2004 noch eine Vorburg mit Wirtschaftsgebäuden. Eine neue historische Erlebnis-Attraktion war geschaffen, die rund 25 000 Besucher im Jahr anlockt. Nirgends kann man heute das Leben des einfachen Ritters auf dem Lande so authentisch erleben wie hier. Von April bis Oktober demonstrieren Adelsdamen, Ritter, Kaufleute und Gesinde den mittelalterlichen Alltag mit Kochen und Tafeln, Handwerkskünste wie Färben, Spinnen, Weben und Sticken, das Schmieden und verschiedene Kampf- und Waffenarten.

www.bachritterburg.de

Der Wehr- und Wohnturm der Bachritterburg mit Vorburg und Wassergraben.

Webstuhl
bitte
nicht

1350

Geschäfte mit Flachs und Weberei

Oberschwaben war mal richtig blau. Zumindest, wenn der Flachs blühte, und dann aber flächendeckend. Das Textilgewerbe, die Weberei vor allem, war vom späten Mittelalter bis ins 17. Jahrhundert das Gewerbe, mit dem man so richtig Geld verdienen konnte. Der Weberberg in Biberach an der Riß, eines der ältesten Handwerkerviertel Deutschlands, zeugt heute noch davon.

Barchent war es, wofür Oberschwaben berühmt war. Das Mischgewebe aus einheimischem Leinen und importierter Baumwolle war von besonders feiner Qualität. Gefertigt aus Baumwoll-Schuss auf Leinen-Kette, konnte man es auf der einen Seite glatt, auf der anderen aufgeraut fertigen, was als besonders edel galt. Barchent verdrängte seit dem 14. Jahrhundert mehr und mehr das Leinen. Neben Augsburg und Ulm zählten Biberach und Ravensburg zu den führenden Zentren der Barchentherstellung auf dem europäischen Markt.

Von den Webstühlen über die Kaufmanns-Kontore ging oberschwäbischer Barchent hinaus in alle Welt; es war der Exportschlager über Jahrhunderte. Den Aufstieg, den die oberschwäbischen Städte im 14. und 15. Jahrhundert erlebten, verdankten sie der Produktion und der Ausfuhr von Leinwand. Der gesamte Raum von der Alb bis St. Gallen, vom Schwarzwald bis zum Lech galt als das führende Textilrevier Europas.

Die Bauern lieferten mit dem blau blühenden Flachs den Rohstoff. Auf den großen Höfen wurde er in mühsamer Arbeit angebaut: Bis zur Ernte beanspruchte Flachs das Sechsfache des Handarbeitsaufwands für Getreide. Auf dem Land wurde der Flachs auch verarbeitet und zu Garn versponnen. Das Spinnen war oft Frauen- und Kinderarbeit. Das fertige Garn verwebten die Bauern auf eigenen Webstühlen oder verkauften es auf den städtischen Märkten in der Umgebung. In den Städten und auf dem Land schossen tagein, tagaus die Webschiffchen durch die Webstühle und produzierten Leinwand und Barchent. Kaum ein Haus, in dem kein Webstuhl stand, oft waren es sogar mehrere bis unters Dach. Die Städte waren voller Werkstätten und Kontore, die Textilien produzierten, veredelten, verkauften. Die Kardel-Distel im Gemeindewappen von Baienfurt, der Bleiche-Platz in Bad Waldsee, die große Tuchhalle im Obergeschoss der Ravensburger Zehntscheuer zeugen davon bis heute. Handelsgesellschaften gründeten ihren Reichtum auf heimische Leinwand. Sie exportierten die Waren nach ganz Europa, vor allem nach Oberitalien und weiter von den dortigen Häfen über das Mittelmeer. Auf dem Rückweg brachten sie Baumwolle aus Kleinasien mit, die für die Barchent-Produktion nötig war. Globalisierung funktionierte also schon damals.

Der Weberberg in Biberach ist eine bis heute bestens erhaltene historische Zunftsiedlung jener Zeit und war ab dem 15. Jahrhundert eine wichtige Produktionsstätte vor allem von Barchent. Um 1500 sollen am Weberberg rund 400 Webstühle in Betrieb gewesen sein; in der Blütezeit des Barchent-Handels lebte schätzungsweise ein Viertel der Biberacher Bevölkerung von der Weberei. Der Handel mit Barchent machte die Stadt reich, kam jedoch mit dem Dreißigjährigen Krieg zum Erliegen.

Wer nach Biberach kommt, sollte dort unbedingt vorbeischauen: Der Weberberg ist das älteste Viertel der Stadt und ist mit seinen aufwendig sanierten Fachwerkhäusern des 14. Jahrhunderts eine der Hauptstationen jeder Stadtführung. Heute leben und arbeiten hier Töpfer, Designer und Architekten.

Ein Webstuhl wie dieser im Museum Biberach stand einst in vielen oberschwäbischen Haushalten.

1380

Humpis & Co. starten den Fernhandel

Die Große Ravensburger Handelsgesellschaft war der erste internationale Konzern auf oberschwäbischem Boden. Was in Augsburg die Fugger, waren hier die Familien Humpis, Möttelin und Muntprat. Sie herrschten über ein Handelsimperium mit Kontoren in Venedig, Genua und Barcelona.

Der Handel über die Alpen blühte im ausgehenden Mittelalter: Leinwand und Barchent aus Oberschwaben waren Exportschlager, auf dem Rückweg kamen Gewürze und Baumwolle ins Land. Und das Luxusobjekt schlechthin: rote Korallen.

Im Jahr 1380 legten die drei erfolgreichsten Familien der Region ihr Geschäft zusammen: Die Humpis aus Ravensburg, die Möttelin aus Buchhorn (heute Friedrichshafen) und die Muntprat aus Konstanz gründeten die Große Ravensburger Handelsgesellschaft. Der Handelsweg ging damals mit segelnden »Lädinen« über den Bodensee, das Rheintal hinauf, über den Splügenpass nach Chiavenna, per Boot bis Como, weiter über Mailand nach Venedig oder Genua. Weiter ging es über Barcelona in den spanischen Markt, wo oberschwäbische Stoffe sehr begehrt waren. Aber auch ins byzantinische Reich, bis auf die Krim, sogar nach Persien. Vernetzt war die Gesellschaft in der ganzen damals bekannten Handelswelt. Der Handel in die nördlichen Absatzgebiete lief über die Messen in Brügge, Frankfurt oder Lyon. Mit stetig wachsendem Erfolg traten immer mehr Handelsfamilien der Gesellschaft bei, bis aus Wangen, Isny, Biberach, Ulm, Lindau und Kempten.

In den Städten stellten die Familien der Handelsgesellschaft die gesellschaftliche und politische Elite. Sie bauten ihre Handelshöfe zu eindrucksvollen Patrizier-Palästen aus – man sieht es heute noch in der Ravensburger Marktstraß, an den Marktplätzen von Biberach und Wangen. Und sie leisteten sich einen sündhaft teuren Lebensstil. Wer dazugehören wollte, musste da schon mithalten können. Teure Feiern, teure Stoffe, teure Pelze, vor allem rote Korallen aus dem Mittelmeer waren angesagt. Denen wurde sogar magische Wirkung nachgesagt. Zudem besetzten die Patrizierfamilien alle wichtigen politischen Ämter. So war ein Humpis in Ravensburg schon auch mal Stadtschultheiß und Richter in einer Person. Weil die Familien aber auch fromm waren und man als Reicher schwer in den Himmel zu kommen befürchtete, investierte man ins Seelenheil. Viele Spitalstiftungen haben hier ihren Ursprung.

Der Glanz hielt keine anderthalb Jahrhunderte. Mit der Entdeckung Amerikas wandelten sich die globalen Handelswege grundlegend; die Musik spielte nun in den Atlantikhäfen. 1530 erlosch die Handelsgesellschaft sang- und klanglos, auch weil der Nachwuchs vom Geld verwöhnt war und wenig Energie zeigte, sich den neuen Marktverhältnissen anzupassen. Die Humpis und andere Familien steckten ihren Reichtum lieber in den Erwerb von Landsitzen und Adelstiteln, lebten noch einige Generationen in Schlösschen wie Bettenreute oder Brochenzell. Ihre Ravensburger Stadtresidenz aber lebt weiter: Das Humpis-Quartier wurde vorbildlich restauriert und zeigt eine beeindruckende Sammlung zur Stadtgeschichte.

www.museum-humpis-quartier.de

▲ Man lebte nobel als Handelsherr: Bohlenstube mit Erker im Museum Humpis-Quartier. ▼ Der Lkw des Mittelalters: Mit solchen Ochsenkarren wurden Güter bis Genua und Spanien transportiert.

RAVENSBURG

Hall
TABAKWAREN
ZIGARETTEN
SARAY
TAGESMENÜ
MITTAGSTISCH
SALATBUFFET
BACKWAREN
PARTY-BUFFET

1429

Juden auf dem Scheiterhaufen

Ein toter Bub im Wald, ein Ritualmord-Gerücht, ein überforderter Magistrat und ein unbändiger Hass aus dem Volk: In den Jahren 1429 und 1430 erlebte Ravensburg seinen eigenen kleinen Holocaust. Ein Großteil der jüdischen Bevölkerung starb auf dem Scheiterhaufen; nur wenige konnten fliehen. Es war der vernichtende Schlag für das einst blühende jüdische Leben in der Region Oberschwaben-Bodensee.

In Ravensburg erinnert heute noch ein Haus mit den Resten einer jüdischen Mikwe im Keller an die Zeit, als die Grüner-Turm-Straße an der nördlichen Stadtmauer noch die Judengasse war. Hier dürfte die 1345 erwähnte Synagoge gestanden haben. Damals lebten hier etwa 14 jüdische Familien. Das Bürgerrecht wurde ihnen jeweils für fünf Jahre verliehen, dafür mussten sie ein hohes Schutzgeld zahlen. Für das Jahr 1429 sind vier jüdische Familien namentlich bekannt. Und es wurde Hochzeit gefeiert. Zu Anselm Juds Feier am 3. Februar waren rund 50 Gäste angereist.

Da begab es sich, dass ein Fischer namens Huselmann, der einen 13-jährigen Schüler namens Ludwig bei sich »zur Kost« wohnen hatte, ihn mit Fischen zum Markt schickte und dann nach Hause, um sich aufzuwärmen. Doch der Bub verschwand und war tagelang nirgends zu finden. Bald fiel der Verdacht in der Bevölkerung auf die Juden; Gerüchte schaukelten sich hoch: »Je enger, je mer und fiel das ganz volck daruff, die juden hetten in hin«, wie ein Chronist schreibt. Da entdeckten einige Jungen im Waldstück Haßlach vor der Stadt die Leiche des Schülers, die an einer Tanne hing. Schnell waren Stadtamtmann, Büttelmeister und zwei Wundärzte vor Ort und nahmen den Leichnam ab. Der Strick um seinen Hals wurde vom Fischer als sein Eigentum identifiziert. Einige meinten, der Junge habe sich wohl selbst erhängt, doch die meisten waren anderer Meinung. Obwohl der Tote mehrere Tage im Baum hing und wohl Vögel an ihm gefressen hatten, schrieb man die Wunden in seiner Brust »Nadelstichen« zu und seine fehlenden Geschlechtsteile einer grausligen rituellen Verstümmelung. Eine neue Dimension erreichte der Fall, als ein Ravensburger Priester von der Kanzel herab sagte, er wisse genau, dass der Junge niemals lebendig in den Wald gelangt sei. Die Leiche des vermeintlichen Märtyrers wurde zur Publikums-Attraktion; der Magistrat geriet unter Druck. Der Konstanzer Bischof wollte noch mäßigend eingreifen, auch weil sich im Haßlach-Wäldchen ein Wunderzeichen-Kult entwickelt hatte, sogar mit Wallfahrten. Der Truchsess von Waldburg, sogar König Sigismund und Herzog Friedrich von Österreich intervenierten. Was fehlte, war ein Geständnis der Juden – was man bei Einsatz der Folter durchaus hätte erreichen können. Trotzdem starben in den ersten Julitagen 1430 fast alle Ravensburger Juden den Flammentod auf dem Scheiterhaufen; die genaue Zahl ist nicht bekannt. Ihre Verwandten in Lindau ebenfalls, hier dürften es etwa 18 gewesen sein.

Diese Ritualmordgeschichte führte zu Verfolgungen und Vertreibungen auch der Juden in Buchhorn (Friedrichshafen), Konstanz, Meersburg und anderen Städten. 1431 beschloss die Stadt Ravensburg, nie wieder Juden aufzunehmen. Dies hielt bis ins 19. Jahrhundert. Die jüdische Gemeinde von Oberschwaben war dann offiziell Buchau am Federsee.

Hier war einst die Ravensburger Synagoge: Im Keller des Hauses fand man Reste einer Mikwe.

1425

Ein Turm steht für Bürgerstolz

Der Mehlsack in Ravensburg ist mehr als ein Turm: Wahrzeichen und Heimatsymbol, Maskottchen – und vor allem höchstes Symbol des Ravensburger Bürgerstolzes. An höchster Stelle der Stadtbefestigung gebaut, strahlt der schlanke weiße Turm seit sechs Jahrhunderten bis weit ins Schussental. Er ist entstanden in einer Zeit, als die Reichsstadt durch ihre Handelsherren florierte und sich von Landvögten nicht dreinreden ließ.

Bumms!!! Ein Kanonenschuss vom Mehlsack verkündet jedes Jahr den Beginn des Rutenfests. Des großen Sommerfests, zu dem Ravensburger aus aller Welt ins Schussental strömen, um vier Tage lang ausgelassen zu feiern, dass sie Ravensburger sind. Mit weiteren Kanonenschüssen wird der Festzug gestartet und beim Adlerschießen verkündet, dass der beste Schütze den Apfel getroffen hat.

Ursprünglich hieß er ja mal »Weißer Turm bei St. Michael«. Sein Spitzname ist bereits im 16. Jahrhundert bezeugt, er rührt von seinem weißen Verputz und der runden Form her. Die Erbauung fällt in die Zeit der großen Stadterweiterung: Der Fernhandel blühte dank erfolgreicher Familien wie der Humpis und Möttelin, die Häuser in der Marktstraße zum Obertor wuchsen zu Patrizierpalästen und für das Handwerk war immer weniger Platz. So bezog man die Vorstadt bis fast an die Schussen mit in die neue Stadtbefestigung ein. Die neue, in Rechtecken angelegte Unterstadt bot Platz für Handwerker und Fuhrleute, die im damals schon verkehrsreichen Schussental viel zu tun hatten. Den bisherigen westlichen Stadtgraben beließ man bei der Planung so breit, wie er war. Wer sich also heute wundert, dass der Marienplatz in Ravensburg eher eine breite, mehrere hundert Meter lange Straße ist – das war so gewollt: als Brandschneise zwischen der reichen Oberstadt und den Handwerksbetrieben in der Unterstadt, wo betriebsbedingt eher mal ein Feuer ausbrach. Den Turm des westlichen Stadttors ließ man stehen: Der Blaserturm diente weiterhin als zentraler Wach- und Signalturm.

Wozu aber brauchte es einen 51 Meter hohen, 10 Meter dicken Turm oben am St.-Christina-Hang? Zunächst wegen der Tal-Lage der Stadt: Vom neuen Turm konnte man die Hochfläche nordöstlich Richtung Schlier gut einsehen und früh erkennen, wenn sich von dort etwa ein fremdes Heer nähern würde. Bald kam eine wichtige Funktion hinzu: Die Plattform des Turmes diente den Bürgern zur Kontrolle des Veitsburg-Geländes, das sich in der Hand der schwäbischen Landvögte befand – damals politische Gegner der Reichsstadt.

In dieser Zeit gehörte Ravensburg dem Schwäbischen Städtebund an. Im Städtekrieg im 14. Jahrhundert hatten die Städte gegen die adlige Vorherrschaft rebelliert und verloren. Dennoch war die Vernetzung der Reichsstädte dem Adel ein Dorn im Auge. Den Landvogt dürfte es schwer gewurmt haben, dass die Ravensburger ihm in den Burghof sehen konnten – bis die Veitsburg im Dreißigjährigen Krieg weitgehend zerstört wurde.

Ihren Mehlsack lieben die Ravensburger bis heute. Die Sanierung des Turmes wurde 1995 durch Spenden von Bürgerinnen und Bürgern finanziert. Am Wochenende kann man ihn sogar besteigen, aber nur von April bis November. Es sind 253 Stufen bis hinauf zur Plattform und einer atemberaubenden Panoramasicht über den Bodensee bis zum Säntis. Und in den Hof der Veitsburg: heute kein feindliches Territorium mehr, sondern ein wunderschönes Gartenlokal.

www.ravensburg.de

Der Mehlsack erlaubte den Ravensburgern einen freien Blick auf ihre Gegner.

Der durn auff
dem Zusenn
Der Büss
S: Josen
egarte
Offingen

1521

Wallfahrer und Bussenkindle

Der heilige Berg Oberschwabens ist gleichzeitig eines von dessen Wahrzeichen. Der Bussen, 767 Meter hoch, war wohl schon in keltischer Zeit eine Kultstätte. Im Jahr 805 ist die Kirche hier urkundlich bezeugt, die erste Wallfahrt zur »Schmerzhaften Muttergottes« im Jahr 1521. Seither pilgern die Oberschwaben zum Gnadenbild auf dem Bussen. Dass sie dies auch im Wunsch nach Kindersegen tun, ist dabei eine besonders süße Geschichte.

Der Anstieg allein ist schon Buße genug: Der Pilgerweg von Offingen herauf bringt einen auch heute noch aus der Puste. Die »Schmerzhafte Muttergottes« ist es, die seit Jahrhunderten die Wallfahrer in Scharen anzieht: eine Pietà im gotischen Stil um 1585; ihre über hundert Jahre ältere Vorgängerin ist heute im Museum des Klosters Inzigkofen zu sehen. Der erste Beleg für die Bussenwallfahrt hängt gleich am Eingang der Bussenkirche: Ein auf 1521 datiertes Wallfahrtsbild zeigt die Stifter, Freiherr Wilhelm von Waldburg-Trauchburg und seine Ehefrau Sybilla von Waldburg-Sonnenberg, wie sie zusammen mit ihren Kindern kniend die Pietà der Bussenkirche anbeten.

Auch einen Wachturm der Römer soll es auf dem Bussen gegeben haben. Schon früh stand auf dem Berg eine aus mehreren Teilen bestehende »Burg Bussen«. Eine Urkunde aus dem Jahre 805 belegt die Existenz einer Kirche auf dem Gipfel, die damals an das Kloster St. Gallen übertragen wurde. Ein kleines Holzkirchlein, so wird vermutet. Die heutige Wallfahrtskirche St. Johannes Baptist wurde 1516 auf den Trümmern einer kleineren Burg erbaut. 1960/61 wurde sie komplett um- und ausgebaut, aber Turm und vorderer Chor sind noch original aus der spätgotischen Erbauungszeit.

Ab 1387 waren Berg und Burg von den Habsburgern an das Haus Waldburg verpfändet, dessen Angehörige zeitweise sogar hier wohnten. Im Dreißigjährigen Krieg kam Order aus Innsbruck, dass die Burg auf dem Bussen »zum Schutz des Landes fortifiziert und besetzt« werden solle. Davon bekamen schwedische und württembergische Reiter, die in Riedlingen lagen, Wind und überfielen die Burg am 13. und 14. Dezember 1633. Weil am ersten Tag nicht alles niederbrannte, kamen sie am Tag darauf noch mal und vollendeten ihr Werk. Man erkennt heute noch Halsgraben und Tor, vom Bergfried ist ein Stück erhalten und zugänglich. Von der Plattform hat man einen wundervollen 360-Grad-Blick bis zum Ulmer Münster und zu den Berner Alpen.

Von der Vorderburg stehen nur Reste der Umfassungsmauer. Am 31. August 1958 wurde hier ein Heimkehrer-Mahnmal eingeweiht: Der Bussen wurde Ziel von Dankes-Wallfahrten für Kriegsheimkehrer. Eine Gedenktafel erinnert an die in den Weltkriegen gefallenen Soldaten aus Oberschwaben – vor allem in Rommels Afrikakorps.

Woher aber kommt der Brauch, dass junge Paare immer wieder sonntags um den Berg pilgern, um die Gottesmutter um Kindersegen zu bitten? Manche vermuten, dass schon die Kelten hier Fruchtbarkeitsriten vollzogen hätten. Für die Vorstellung vom »Bussenkindle« hat wohl ein Jesus-»Fatschenkindle« (Wickelkind) auf einem Vesperbild von 1580 den Ausschlag gegeben. Und als Devotionalie konnte man immer schon kleine »Bussenkindle« aus Salzteig kaufen, bemalt und mit Papiergesichtern. Wahlweise Bub oder Mädle, früher gab es sogar Zwillingspaare. Heute sind sie zumeist aus Marzipan und nach wie vor ein beliebtes Mitbringsel.

www.erlebnis-oberschwaben.de, www.unlingen.de

Der Bussen im Jahr 1589 mit Prozession zur Kirche und der noch intakten Burg, Ausschnitt aus der Rehnlinschen Karte.

1525

Bauernjörg kneift vor Weingarten

Im Bauernkrieg des Jahres 1525 trafen in Oberschwaben starke Gegner aufeinander. Denn die Bauern waren bessere Kämpfer, als man meint. Sie waren im Seehaufen, im Allgäuer- und im Baltringer Haufen organisiert. Ihr Widersacher, Truchsess Georg III. von Waldburg, scheiterte mit seinen Rittern und Landsknechten nur einmal: bei Weingarten, das damals noch Altdorf hieß.

Ein Kampf mit Profis auf beiden Seiten: Der Bauernkrieg war – zumindest in Oberschwaben – kein Gemetzel von hochgerüsteten Rittern an armen Bauern, die sich mit Sensen und Dreschflegeln wehren mussten. Die Truppen Georgs III. von Waldburg, genannt »Bauernjörg«, bekamen es eher mit kriegserprobten Landsknechten zu tun. Unter jungen Bauernsöhnen war es durchaus üblich, sich in Kriegszügen zu verdingen. »Work and Travel« sozusagen: Man sah was von der Welt und wer das Abenteuer überlebte, brachte Sold und Beute nach Hause. Man verpflichtete sich jeweils für einen Feldzug, und ein solcher war just in Oberitalien zu Ende gegangen. Die jungen Söldner saßen auf ihren heimischen Höfen, warteten auf ihren Sold und trugen solange ihre Waffen bei sich: Spieße, Schwerter, Hellebarden und Arkebusen, die schweren Vorläufer der Musketen. Auf der Gegenseite: der Truchsess als Führer einer »Eingreiftruppe« im Auftrag des Schwäbischen Bundes, eines Bündnispakts des Adels und der Geistlichkeit. Nachteil der Bauernhaufen: Sie waren zwar gut bewaffnet, aber schlecht geführt, lagerten und warteten vergeblich auf Befehle, hatten oft weder Wachen aufgestellt noch Kundschafter losgeschickt. Der Bauernjörg dagegen war äußerst mobil, griff die Bauernhaufen genau dann an, wenn sie unvorbereitet waren.

Am 15. April 1525 traf man sich bei Waldsee, rund 15 000 Bauern standen den zahlenmäßig unterlegenen Truppen des Truchsessen gegenüber, getrennt durch das Steinacher Ried. Man beschoss sich auf Distanz; die Bauern zogen sich nach Weingarten zurück und bauten den Klosterort Altdorf zur Verteidigung aus. Der Versuch des Truchsessen, Altdorf im Handstreich zu nehmen, ging schief: Die gepanzerte Reiterei hatte schon zur Attacke angesetzt, da hatte ein Kundschafter »Lunte gerochen«. Der Gegner hatte sich in einer starken Position verbarrikadiert – und auf den Wällen warteten scharenweise Arkebusen-Schützen. Die hätten mit ihren Salven die Panzerreiter »sauber vom Gaul geholt«, wie man hier sagt. »Warum sollte ich meine teure Reiterei riskieren«, dachte sich Georg III., ganz Feldherr seiner Zeit, und ließ sich aufs Verhandeln ein. So kam es am Ostermontag, 17. April, zum Vertrag von Weingarten. Die Bauern erhielten das Recht, sich bei unrechtmäßigem Sachverhalt an ein Gericht zu wenden – wenn sie sich zurückzogen. Es sollte ihr einziges erkämpftes Recht bleiben, das Bestand hatte. Und die einzige Begegnung, bei der die Bauern militärisch überlegen waren. Doch vielen ging der Vertrag nicht weit genug, sie kämpften erbittert bis in den Herbst weiter.

Der Bauernjörg siegte schließlich, ließ rund 200 Höfe von Rebellen niederbrennen und nicht wenige Anführer aufknüpfen. Das große Abschlachten der Bauern aber, wie es in der Folklore oft besungen wird, fand zumindest in Oberschwaben nicht statt: Bauern waren die wirtschaftliche Basis des Adels und der Klöster, und diese wären schön blöd gewesen, wenn sie sich diese Grundlage wegmassakriert hätten.

www.baltringer-haufen.de

Das Treffen vor Weingarten in einer Illustration aus der Weißenauer Chronik.

1563

Italienisches Schloss in Schwaben

Schloss Meßkirch gilt als Prototyp eines neuen Baustils in Oberschwaben: Der Graf von Zimmern hat mit diesem kühnen Projekt etwas gebaut, was es bis dahin nur südlich der Alpen gab – eine regelmäßige Vierflügel-Anlage im Renaissance-Stil, die nur nicht ganz fertig wurde. Und das in einer Zeit, als hierzulande noch die gute deutsche Spätgotik vorherrschte. Für einige Jahrzehnte besaß Meßkirch damit den modernsten Schlossbau Deutschlands.

So etwas Neumodisches!«, dürfte sich mancher oberschwäbische Adlige im Jahr 1563 gedacht haben. Schloss Meßkirch aber wurde zur Stilikone und fand schnell Nachahmer, besonders in der Zimmern'schen Verwandtschaft: Die Schlösser der Waldburger in Wolfegg und Zeil bei Leutkirch, der Fürstenberger in Heiligenberg, selbst das Stadtschloss der Hohenzollerngrafen in Hechingen entstanden kurz darauf nach demselben Muster und durch denselben Baumeister Jörg Schwarzenberger. Sein »Meßkircher Schlossstil«, wie er bald hieß, war zum Erfolgsmodell geworden.

Bauherr Graf Froben Christoph von Zimmern hatte eben Geschmack. Der Verfasser der berühmten Zimmerischen Chronik war viel durch Frankreich gereist und wusste, was er wollte. Der humanistisch gebildete Adlige ließ architekturhistorische Idealentwürfe aus Italien, die damals auch in deutschen Adelsbibliotheken kursierten, von einheimischen Baumeistern wie Jörg Schwarzenberger aus Landsberg am Lech in die Tat umsetzen. Noch ein Grund: Sein Onkel hatte 1520 am alten Schloss Reparaturen ausführen lassen, die wohl gründlich danebengingen. Die Mängel in der Bauausführung waren so heftig, dass das Schloss in kurzer Zeit baufällig wurde. Froben Christoph fackelte nicht lange und riss es vollständig ab. Am 9. Mai 1557, drei Jahre nach seinem Herrschaftsantritt, legte der neue Schlossherr selbst den Grundstein zum Neubau.

Neu für die damalige Zeit ist die Vielzahl von Treppen und »Schnecken« (Wendeltreppen), teilweise heute noch mit Ausgängen ins Freie: Der Bauherr hatte Angst vor Feuersbrünsten. Deshalb sind alle Treppen als Fluchtwege unbrennbar aus Stein gebaut; die große Holztreppe im Schloss wurde erst in der Barockzeit eingebaut.

Prunkvolles Glanzstück des Schlosses ist der 30 Meter lange Festsaal mit seiner 1561 entstandenen Kassettendecke, der wohl ältesten in Deutschland. Als Besonderheit gilt die technische Innovation der freitragenden Decke, da dadurch der Raum ohne Säulen auskommt. Eine ähnlich schöne finden wir im Rittersaal von Schloss Heiligenberg. Dann ging Graf Froben Christoph wohl das Geld aus: Der nördliche Flügel wurde nie ausgeführt, hier steht als Überbleibsel des Vorgänger-Schlosses bis heute das 1492 entstandene sogenannte »Schlössle«.

Auch die Herrschaft währte nicht mehr lange: Nach dem Aussterben der Grafen von Zimmern 1594 diente das Schloss den Fürsten zu Fürstenberg-Meßkirch als Residenz, war Lazarett und Behördensitz und kam 1961 ziemlich ramponiert in den Besitz der Stadt Meßkirch. Gemeinsam mit dem Landkreis Sigmaringen schaffte sie es, daraus wieder ein Schmuckstück zu machen. Die Kreisgalerie zeigt im Südflügel über zwei Etagen die Kunstsammlung des Landkreises und hochkarätige Wechselausstellungen bis zur Gegenwartskunst. Das Martin-Heidegger-Museum im Ostflügel widmet sich Leben und Werk des berühmten Philosophen und Sohnes der Stadt.

www.schloss-messkirch.de

Der Renaissance-Stil des Meßkircher Schlosses fand viele Nachahmer.

1570

Zentrum jüdischen Lebens

Buchau war fast 600 Jahre lang die Heimat vieler jüdischer Familien. 1570 gilt als Gründungsjahr der Gemeinde mit »zehn religionsfähigen Männern«, wie es hieß. Es war ein Neubeginn nach den oberschwäbischen Getto-Pogromen von 1429. Die jüdische Gemeinde in Buchau wurde zum neuen Zentrum jüdischen Lebens in Oberschwaben; selbst Albert Einsteins Vater wurde hier geboren.

Wenige Jahre nach der Gemeindegründung wurde 1577 die Aufnahme der Juden mit einem Vertrag zwischen Reichsstadt und Stift geregelt. Sie brachten der Stadt erhebliche Einkünfte, zahlten Aufnahmegeld und jährliches Schutzgeld. Zuerst wohnten sie in der Judengasse und den angrenzenden Gassen. Die Synagoge war ein weithin sichtbares Zeichen der großen Gemeinde. Die erste Synagoge wurde 1730/31 gebaut. Heute steht ungefähr an dieser Stelle ein Brunnen in Form eines aufgebrochenen Davidsterns. Über dieses Gotteshaus ist nur wenig bekannt; es hatte eine vergitterte Frauengalerie und war heizbar, ein Hinweis darauf, dass die Synagoge auch als Lehrhaus genutzt wurde.

Bereits Anfang des 19. Jahrhunderts konnten sich die Juden im ganzen Stadtgebiet niederlassen. Nach der Emanzipation von 1828, der offiziellen Befreiung der Juden aus ihrer Gettoexistenz, wurde der Bau einer großen Synagoge beschlossen. 1839 wurde sie feierlich eingeweiht, ein klassizistischer Bau, der das Stadtbild prägte. Das Programm der Einweihung ist noch erhalten und zeigt, dass Juden und Christen dieses Fest gemeinsam feierten.

Im 19. Jahrhundert waren die Juden ganz entscheidend an der wirtschaftlichen Entwicklung von Buchau beteiligt. Betriebe in der Textilherstellung und -verarbeitung waren Hauptarbeitgeber und die Besitzer angesehene Bürger der Stadt. Jüdische Geschäfte und Häuser prägten das Stadtbild: Im 19. Jahrhundert war ein Drittel der Gesamtbevölkerung jüdischen Glaubens. Die Vorfahren von Albert Einstein stammen aus Buchau. Der Vater von Albert Einstein, Hermann Einstein, wurde am 30. August 1847 in Buchau geboren. Mit seinen Eltern und einigen Geschwistern zog die Familie 1868 nach Ulm, wo am 14. März 1879 Albert Einstein geboren wurde. Und noch eine berühmte Buchauerin: Madame Kaulla wurde hier 1739 als Karoline Raphael geboren. Sie gründete 1802 mit König Friedrich die erste württembergische Bank und bekam als erste Jüdin in Stuttgart das württembergische Bürgerrecht.

Um 1900 verringerte sich die Zahl; viele Buchauer Juden zog es in größere Städte. Buchau blieb dennoch das Zentrum der jüdischen Gemeinde für ganz Oberschwaben: Wurden etwa jüdische Gottesdienste in Ravensburg abgehalten, kam der Rabbiner aus Buchau. Wie fast alle Synagogen in Deutschland wurde auch die Buchauer in der Nacht zum 10. November 1938 in Brand gesetzt. Der Brand war schnell gelöscht, da die Feuerwehr ausrückte und Juden und Christen gemeinsam löschten. Ein SA-Kommando aus einer anderen Stadt legte in der folgenden Nacht erneut Feuer. Die Feuerwehr rückte wieder aus, durfte aber nur die angrenzenden Häuser schützen. Nach dem Zweiten Weltkrieg lebten noch drei jüdische Mitbürger in Buchau. Sie hatten das Konzentrationslager Theresienstadt überlebt und waren in ihre Heimat zurückgekommen. Bis heute kann man in Buchau noch jüdische Spuren finden. Nicht nur die noch erhaltenen Häuser, auch der Friedhof erinnert an die einst blühende Gemeinde.

www.judeninbuchau.de

▲ Die Buchauer Synagoge (1839–1938). ▼ Der jüdische Friedhof in Bad Buchau.

REGINA CÆLI

1614

Pater Mohr will fliegen

Er war ein Universalgenie unter den Prämonstratensern der Reichsabtei Schussenried: Caspar Mohr war Musiker, Orgelbauer, Uhrmacher und Gelehrter. Aber vor allem machten ihn seine Flugversuche berühmt. Nicht alle waren begeistert: Die einen trauten ihm einen mehrstündigen Flug durchaus zu, die anderen empfanden sein Vorhaben als Gotteslästerung.

Die Flugmaschine stand schon bereit. Jeder im Kloster wusste, was Bruder Caspar vorhatte. Flügel aus Gänsefedern wollte er sich auf den Rücken schnallen. Mit Schnüren waren sie mit seinen Händen und Füßen verbunden. Nur mit Körperbewegungen sollte der Flugapparat funktionieren. Mit Handschlaufen hielt er die Flügel, damit er sie schwingen konnte wie ein Vogel. Bevor sich Caspar Mohr damit aus dem dritten Stockwerk des Dormitoriums stürzen konnte, ging Abt Martin Dietrich dazwischen: Zu wertvoll war sein Prior und Stellvertreter für das Kloster, als dass man riskieren wollte, dass er sich den Hals brach. Die Flugmaschine wurde konfisziert; weitere Versuche wurden verboten.

Caspar Mohr (1575–1625) stammte aus Busenberg nahe Hochdorf bei Biberach und trat schon in jungen Jahren in das Kloster Schussenried ein. Man schickte den gescheiten Buben früh zum Theologiestudium nach Freiburg. Nach seiner Rückkehr wirkte er, wie viele seiner Mitbrüder, als Ordenspriester. Zudem galt er als handwerkliches Genie und begnadeter Tüftler. Als Schreiner, Schmied und Maler, als herausragender Musiker. Caspar Mohr hatte ein phänomenales Gespür für komplizierte Mechanismen: War an der Orgel etwas zu reparieren oder an der Kirchturmuhr – Caspar Mohr bekam alles wieder hin. Abt Martin Dietrich machte ihn 1611 zu seinem Stellvertreter und schickte ihn im gleichen Jahr zum Studium nach Rom. 1614 kehrte Caspar Mohr zurück, mit einem von der Universität Perugia ausgestellten Doktortitel der Theologie in der Tasche.

Und dann diese Flugmaschine. Viele hatten ihm durchaus zugetraut, dass sie funktionierte. Alles, was Bruder Caspar baute, funktionierte schließlich. Manche erzählten, dass Caspar Mohr sich damit mehrmals vom Boden aufgeschwungen habe. Dass er sich beim Flug aus dem Fenster in den Garten den Fuß gebrochen habe. Dass er aber vom Kirchturm herab »zwei Stunden weit bis auf eine zum Kloster gehörende Pfarrey« geflogen sei – da war dann wohl doch etwas zu viel der Fantasie im Spiel.

War es nun Genie oder Gotteslästerung, dieser Versuch, zu fliegen wie ein Vogel? Über 130 Jahre nach dem Tod Caspar Mohrs waren sich seine Ordensbrüder da immer noch nicht sicher. Im Deckenfresko des Bibliotheksaals, 1755 bis 1757 entstanden, haben sie ihn jedenfalls durch den Maler Franz Georg Hermann verewigen lassen. Mitten unter den großen Wissenschaftlern der Antike und der Christenheit. Man war schon stolz auf seinen Erfindergeist. Immerhin hat man Ikarus' Vater Daedalus hinter ihm platziert, der mit warnendem Finger auf das Schicksal seines Sohnes hinweist. Nein, Caspar Mohr verbrannte sich nicht die Flügel an der Sonne. So starb der »Ikarus vom Schussental« auch nicht spektakulär bei einem Absturz, sondern friedlich bei einem Kuraufenthalt in Jebenhausen bei Göppingen. Begraben liegt Prior Dr. Caspar Mohr in Rechberghausen, doch als Höhepunkt jeder Führung im Schussenrieder Bibliotheksaal bleibt der fliegende Chorherr unsterblich.

www.kloster-schussenried.de

Der Chorherr Caspar Mohr ist im Deckenfresko des Schussenrieder Bibliothekssaals verewigt.

1632/34

Maria und Jesus verteidigen Städte

Der Dreißigjährige Krieg traf Oberschwaben nur am Rande, aber »verheerend« im wahrsten Wortsinn: Das Land zwischen See und Donau war Durchzugsgebiet und wurde von Armeen beider Seiten leergeplündert. Am schlimmsten war es im großen Schwedenkrieg ab 1632. Die Bürger von Städtchen wie Mengen oder Saulgau hatten der Soldateska nichts entgegenzusetzen – außer ihrem Glauben. Und der wirkt ja bekanntlich manchmal Wunder.

Der Schrecken des Krieges drohte am 18. Mai 1632: Schweden vor der Stadt! Das katholische Mengen wurde von Gustav Adolfs Truppen hart bedrängt; sie konnten es aber nicht einnehmen. Die hinter kümmerlichen mittelalterlichen Mauern verschanzten Einwohner riefen intensiv die Gottesmutter am Ölberg an, ihnen zur Seite zu stehen – und sie wurden der Sage nach auch erhört: Die Heilige Maria erschien auf der Stadtmauer und hüllte die ganze Stadt in einen undurchdringlichen Nebel. Die Schweden zogen desorientiert vorbei. Mengen blieb von Plünderung, Feuer und Tod verschont.

Nun ist Nebel im Donautal nichts Ungewöhnliches, schon gar nicht im Frühjahr. Doch die Mengener schworen einen heiligen Eid und ewigen Dank. So feiert das Städtchen mit heute 12 000 Einwohnern in Erinnerung an dieses »Wunder« seither jährlich das Maifest. Immer am Sonntag nach dem 18. Mai, seit über 380 Jahren. Mit Großem Zapfenstreich der Bürgerwache, mit Festgottesdienst und einer feierlichen Dankesprozession durch die Stadt.

Himmlische Kräfte wirkten auch im benachbarten Saulgau, wie Mengen zu Vorderösterreich gehörend und damit dem Kaiser treu. Zunächst hatten sich die Saulgauer beim Durchzug 1632 noch erfolgreich verschanzt und bei einem Ausfall fünf Schweden gefangen genommen. Die Bauern der Gegend stellten sich bei Herbertingen dem Heer entgegen und mussten eine fürchterliche Niederlage hinnehmen; die Schweden töteten die meisten Männer, zerstörten Herbertingen und besetzten Saulgau. Auch im Jahr 1634 hatten sie sich für 22 Wochen in Saulgau einquartiert, nahmen sich, was sie wollten, und drangsalierten die Bürger nach Strich und Faden. Bis sie plötzlich und überstürzt am 12. März 1634 abzogen. Die Saulgauer begründen es mit der Legende vom Kreuzwunder: Einige schwedische Soldaten sollen versucht haben, das romanische Kruzifix in der Kreuzkapelle anzuzünden. Doch anstatt zu Asche zu zerfallen, soll sich das Kreuz in die Luft erhoben haben und so hell aufgeleuchtet sein, dass alle schwedischen Truppen panisch die Stadt verließen. Der eigentliche Grund war wohl die Niederlage der Schweden in der Schlacht bei Nördlingen, nach der alle schwedischen Truppen die Region verließen. Das »Schweden-Käppele«, wie die Kreuzkapelle fortan hieß, steht heute noch an der Ecke Karlstraße/Buchauer Straße. Der wundertätige Kruzifixus aus dem 12. Jahrhundert ist einen Besuch wert und eine Reihe von Täfelchen aus dem Jahr 1734 erzählt vom Schwedenwunder.

Es wurde viel zerstört und niedergebrannt in jener Zeit. Die Veitsburg in Ravensburg, Schloss Honberg in Tuttlingen, Schloss Wolfegg. Kein nachfolgender Feind sollte sich darin festsetzen können. So ging auch das Kloster Schussenried in Flammen auf, nachdem kaiserliche Reiter von den Klostermauern herab einen schwedischen Angriff aus Biberach abgewehrt hatten. Biberach überstand mehrfach den mal friedlichen, mal gewaltsamen Wechsel der Besatzungen. Im Weißen Turm der Stadtbefestigung sollen noch schwedische Kanonenkugeln stecken.

Der romanische Kruzifixus in Bad Saulgau erstrahlte in himmlischem Licht und vertrieb die Schweden.

1724

Petersdom über dem Schussental

Die Basilika in Weingarten gilt als prachtvollster Kirchenbau an der Oberschwäbischen Barockstraße. So war sie auch geplant: Die Reliquie vom Heiligen Blut Christi sollte einen würdigen Raum erhalten, der auch die immer größer werdenden Pilgerscharen fasste. Die Basilika ist bis heute Ausgangspunkt der größten Reiterprozession Europas.

Nach dem Dreißigjährigen Krieg fand die römisch-katholische Kirche in Oberschwaben die idealen Voraussetzungen, ihr neues Selbstbewusstsein darzustellen. Der kühnste Neubau sollte das Benediktinerkloster Weingarten werden. Auch wenn es nicht ganz vollendet wurde: Weingarten gilt als der Höhepunkt des oberschwäbischen Barock.

Im Jahr 1724 wurde der jetzige Kirchenbau geweiht, schuldenfrei in neun Jahren erstellt. Geld war genug da: Der Grundbesitz des Klosters reichte bis nach Vorarlberg und Südtirol. Nach einem symmetrischen Idealplan sollte das Barockkloster ein »Schwäbischer Escorial« werden. Allerdings versiegten die Geldflüsse aus Wien und der Bau wurde eingestellt. Hier ging es den Benediktinern in Weingarten nicht anders als den Prämonstratensern in Schussenried. Nur, dass sie zu den Nordflügeln des Konvents auch noch ihre neue Kirche fertigstellen konnten.

Die Kuppel der Basilika erinnert schon aus der Ferne ein wenig an den Petersdom in Rom. Wenn man vom Münsterplatz die Treppen heraufkommt, ist der Eindruck der Naturstein-Kirchenfront mit ihren Doppeltürmen überwältigend. Innen im Kirchenraum spürt man das noch stärker, vor allem unter der Kuppel. Architektonisch ist die Kirche keine Basilika, sondern eine barocke Emporenhalle. Auf jeden Fall ein Bau der Superlative: Ohne Zweifel wollte Abt Sebastian Hyller einfach die Hälfte des Petersdoms auf schwäbischem Boden verwirklicht wissen. Zumindest sagte man dem Schweizer Nuntius Giacomo Caracciolo, der 1715 den Grundstein legte, eine hohe Affinität zu Rom und der dort damals angesagten sakralen Architektur nach.

Somit entstand auch Deutschlands längste Barockkirche. Das Kirchenschiff misst innen 106 Meter, die Kuppel ist 66 Meter hoch, der Hochaltar 24 Meter. Doch alles wirkt leicht, dank der weiten Bögen, die den Raum umspannen. Viele Stars der barocken Baumeister-Szene haben hier mitgewirkt, von Franz Beer und den Thumb-Brüdern aus Vorarlberg bis zum Stuttgarter Hofbaudirektor Donato Giuseppe Frisoni. Das Chorgestühl von Joseph Anton Feuchtmayer, der feine Stuck und das prachtvolle Deckenfresko der »Erhöhung des Heiligen Blutes« stammen von den besten Künstlern ihrer Zeit. Die Orgel der Basilika, von Joseph Gabler 1750 fertiggestellt, gilt mit 63 Registern und 6890 Pfeifen nicht nur als eine der größten in Süddeutschland – sie weist auch eine klangliche Besonderheit auf: ein Register namens »vox humana« – und die Pfeifenklänge ähneln auch tatsächlich ein wenig einer menschlichen Stimme. Das Glockengeläut der Doppeltürme ist das wohl größte und klangvollste in ganz Oberschwaben. Am schönsten ertönt es zum Blutfreitag, dem größten religiösen Fest Oberschwabens.

www.weingarten-online.de

Die Basilika St. Martin in Weingarten ist halb so groß wie der Petersdom in Rom und damit Deutschlands größte Barockkirche.

1733

Rokoko-Juwel kostet Abt den Job

Die Wallfahrtskirche Steinhausen ist ein Rokoko-Juwel ersten Ranges. Ihr Bauherr Didacus Ströbele war nicht der Herausragendste unten den Reichsäbten und Pröbsten des Klosters Schussenried. Doch er hat Oberschwaben die »Schönste Dorfkirche der Welt« und eines seiner Wahrzeichen hinterlassen. Der Legende nach sollen ihn die Kosten um sein Amt gebracht haben. Doch da war weit mehr im Spiel.

Dominikus Zimmermann (1685–1766) war ein Star seiner Zeit. Der Architekt und Stuckateur aus Wessobrunn, Erbauer der berühmten Wieskirche, geriet eher zufällig an den Auftrag des Klosters Schussenried, in Steinhausen eine neue, größere Wallfahrtskirche zu bauen. Das Wallfahren boomte, es war der Tourismus der Zeit. Man pilgerte zur »Schmerzhaften Gottesmutter«, einem meterhohen Gnadenbild, das um 1420 entstanden sein dürfte. Jeden Samstag gab es Feiern zu Ehren der Gottesmutter, Sonntag Predigt und Prozession. Bis aus Waldsee und Aulendorf kamen sie mit Kreuz und Fahnen, manchmal mehrere Tausend. Als eines Tages die Kirche zu voll war und die Kanzel zerbrach (zum Glück wurde niemand verletzt), war klar: Eine neue, größere Wallfahrtskirche musste her. 1727 legte Abt Didacus Ströbele erstmals eine Fuhre Eichendielen zur Seite – für den Neubau der Kirche in Steinhausen. Zur selben Zeit hatte ihm Dominikus Zimmermann, der gerade im benachbarten Kloster Sießen baute, »ein feines Rißel gebracht wegen zuekünftigen Kirchen zue Steinhausen, so mir Gott das Leben laßet«. Zimmermanns Kostenvoranschlag betrug insgesamt 12 000 Gulden. Dazu jährlich 250 Gulden Spesen für sich. Die Stuckarbeiten waren teurer veranschlagt als die Maurerarbeiten. 1730 war der Rohbau vollendet, Maler- und Stuckarbeiten 1731.

Am 5. Mai 1733 wurde das Gotteshaus geweiht. Doch die Vollendung seines Werks, eines im ganzen christlichen Abendland seltenen Juwels, durfte Didacus Ströbele nicht mehr in Steinhausen erleben. Ganz unvermutet war nämlich am 9. November 1732 der Generalabt der Prämonstratenser in Oberschwaben, Hermann Vogler aus Rot an der Rot, in Schussenried erschienen, zusammen mit den beiden Äbten von Weißenau und Obermarchtal. Die »Visitatoren«, heißt es in einer Chronik, hätten dabei »schlimmer gewütet wie einst die Schweden«. Der Visitator warf seinem gutmütigen Schussenrieder Kollegen vor, sein Kloster zu lasch zu führen und den Chorherren viel zu viel durchgehen zu lassen. Bei Tisch wurde geredet, Wein nachgeschenkt, ja musiziert. Manche Chorherren waren tagelang abwesend. Alles gegen die Regeln. Zu dieser Führungsschwäche passte auch, dass außer persönlichen Vereinbarungen zwischen Abt Didacus und Dominikus Zimmermann kein weiterer Baukontrakt vorlag und selbst der undatierte Kostenvoranschlag Zimmermanns durchgestrichen war. Letztendlich verschlang der Kirchenbau über 43 000 Gulden. Urteil des Visitators: Der Abt handelte zu großzügig. Selbst von seinem Konvent musste sich Didacus, der an sich sparsam lebte und bestimmt kein Tebartz van Elst seiner Zeit war, den Vorwurf luxuriösen Bauens anhören. Nun ja, es mag auch Neid dabei gewesen sein. Letztendlich wog die Disziplinlosigkeit im Kloster schlimmer, die Kosten für den Kirchenbau waren schließlich zur Ehre Gottes. Am 15. Januar1733 trat der Abt von seinen Ämtern zurück und verließ das Kloster. 1748 starb Didacus Ströbele, Sohn eines Bäckers aus Biberach, arm und einsam im Kloster Wadgassen im heutigen Saarland.

www.kloster-schussenried.de

Der »Offene Himmel von Steinhausen« ist ein Meisterwerk der Freskomalerei.

KUNSTVEREIN

1761

Shakespeare in der Metzgerei

Bei »Weimarer Klassik« denkt man an Goethe und Schiller, an Herder vielleicht. Aber an Christoph Martin Wieland? Der war durchaus ein Freund der Erstgenannten und in seiner Zeit recht gerne gelesen. Vor Weimar hatte er in Biberach an der Riß gelebt und gewirkt. Und zum allerersten Mal mit »Der Sturm« ein Stück von Shakespeare ins Deutsche übersetzt und aufgeführt. Seine Compagnie, der »Dramatische Verein«, existiert in Biberach bis heute.

Nicht das Hoftheater in Weimar, nein: Eine Metzgerei war 1761 Ort der Uraufführung. Im Obergeschoss wurde Theater gespielt, unten gingen die Metzger ihrem Handwerk nach. Die »Schlachtmetzig« am Viehmarktplatz, 1563 erbaut, ist bis heute die Heimstätte des Dramatischen Vereins, der ältesten Amateurtheater-Truppe Deutschlands. Gebildete Biberacher Bürger machten sich mit Wieland als Regisseur an Shakespeares wundersame Mär. Mit Fürsten, Feen, Geistern und jeder Menge Irrungen und Wirrungen. Solche Stoffe waren in der Rokokowelt geläufig. Den Biberacher Laienschauspielern scheinen sie Spaß gemacht zu haben.

1733 geboren, wuchs Wieland als Sohn eines Pfarrers in Biberach auf. Mit 16 hatte er alle römischen Klassiker gelesen. Nach einem abgebrochenen Philosophiestudium in Erfurt kehrte er 1750 heim nach Biberach und begann eine Liebesbeziehung mit seiner zwei Jahre älteren Cousine Sophie. Noch ein abgebrochenes Studium in Zürich, dann war er Hauslehrer in Bern, dort kurz verlobt mit der späteren Freundin Jean-Jacques Rousseaus. Christoph Martin hatte also bereits eine Menge erlebt, als er 1760 mit 27 Jahren wieder in Biberach landete, wo er zum Senator gewählt und zum Kanzleiverwalter ernannt wurde: einmal um die Welt und wieder in der spießigen Kleinstadt. Zum Glück fand er Zerstreuung im nahen Schloss Warthausen, wo Graf Stadion eine weltmännische, gebildete Gesellschaft unterhielt. Dort traf Wieland seine Ex-Verlobte Sophie wieder, jetzt lukrativ mit einem Herrn von La Roche verheiratet. Dabei soll es wieder ordentlich geknistert haben. Der Umgang mit diesen hochgebildeten Kreisen führte zu Wielands literarischem Höhenflug. In diesen neun Biberacher Jahren, bevor er dem Ruf nach Weimar folgte, schrieb Wieland seinen damals erfolgreichen Roman »Geschichte des Agathon«, dazu eine Vielzahl von Gedichten und Erzählungen.

Vor allem aber arbeitete er an der Übersetzung der Stücke William Shakespeares. Ein Verlag in Zürich brachte sie ab 1762 in acht Bänden heraus. Seine Texte beflügelten die Dichter des »Sturm und Drang«, legten den Grundstein für deutsche Helden wie Götz von Berlichingen, Karl Moor oder Wilhelm Tell. Dennoch glänzte sein Stern nur kurz: Schon im 19. Jahrhundert war Wieland unter den deutschen Klassikern der am wenigsten Gelesene.

Was bleibt von Wielands Ruhm: In Weimar hat man ihm ein Denkmal gesetzt. In Biberach ebenfalls: Peter Lenk schuf den Esel, der sich auf dem Marktplatz dreht, eine Anspielung auf Wielands »Der Prozess um des Esels Schatten«, eine Schildbürger-Posse, mit der er die Biberacher aufs Korn nahm. Im Wieland-Park hinter dem Landratsamt steht heute noch Wielands Gartenhaus. Und die »Schlachtmetzig« ist wieder Komödienhaus: 1990 saniert, findet man hier ein hübsches kleines Theater mit 123 Sitzplätzen – und die Räume des »Dramatischen Vereins« an historischer Stätte im Obergeschoss.

www.dramatischer-verein-biberach.de

▲ Theatertafel der Komödiantischen Gesellschaft Biberach, 1749. ◀ Die Schlachtmetzig, Ort der Uraufführung. ▶ Christoph Martin Wieland in seiner Biberacher Zeit.

1787

Auf Montforts Pracht folgt Pleite

Einst waren die Grafen von Montfort eines der mächtigsten Adelsgeschlechter Oberschwabens. Doch der letzte Montfort, Graf Anton IV., starb einsam und ohne Herrschaft am 3. Dezember 1787 in einem heutigen Tettnanger Gasthaus. Das prachtvolle Neue Schloss, 30 Jahre zuvor fertiggestellt, gehörte ihm da schon längst nicht mehr. Zu sehr hatte sich seine Familie in Schulden gestürzt, im Repräsentationszwang auf hintersinnige Geldgeber vertraut.

Weithin sichtbar ist die goldgelbe Pracht, die sich die Grafen von Montfort einst auf das Tettnanger Plateau setzen ließen: Das Neue Schloss ist ein repräsentativer Vierflügel-Bau in feinster Rokoko-Ausstattung. Das war man sich wert. Ursprünglich stammten die Grafen von Montfort von den Grafen von Nagold und den Pfalzgrafen von Tübingen ab. Hugo II. von Tübingen heiratete im 12. Jahrhundert Elisabeth von Bregenz und erbte damit Montfort und Sigmaringen. Man war nun durch die Welfen-Enkelin Elisabeth mit den Welfen und Staufern verwandt und in einer mächtigen Position in Oberschwaben und Vorarlberg. Die Macht der Montfort reichte von Tettnang bis Feldkirch, Sargans, Werdenberg und Churrätien. Mit Hugo III. von Montfort begann im 13. Jahrhundert die Tettnanger Linie. Die Burg, an deren Stelle heute das Neue Schloss steht, wurde im Dreißigjährigen Krieg zerstört. Die Grafen lebten danach eher bescheiden im heutigen Tettnanger Torschloss, bauten dann ab 1667 vor der Burgruine das Alte Schloss (heute Rathaus). Das war den wirtschaftlichen Möglichkeiten der Grafen angemessen, nicht aber ihrem dynastischen Anspruch. Eines der vornehmsten regierenden Geschlechter Oberschwabens brauchte schon eine entsprechende Hofhaltung – und eine barocke Residenz.

Also begann Graf Anton III. 1712 mit dem Bau des Neuen Schlosses, aber schon nach 15 Jahren ging das Geld aus. Dann brannte das halbfertige Schloss 1753 nieder. Graf Franz Xaver ließ durch den Schussenrieder Baumeister Jakob Emele das heutige Rokoko-Schloss erbauen. Das Geld dazu, 500000 Gulden, lieh er sich vom Haus Österreich. Ein fataler Fehler: 1779 waren die Schulden so hoch, dass die ganze Grafschaft Montfort an Österreich verkauft werden musste – und das weit unter Wert. Dem letzten männlichen Namensträger, Graf Anton IV., zahlten die Habsburger eine Rente von 6000 Gulden im Jahr. Genug, um sich einen Kammerdiener, einige Bedienstete und mehrere Kutschen leisten zu können. Das Schloss musste er verlassen, im heutigen Brauerei-Gasthof »Krone« lebte er bis zu seinem Tod 1787. Graf Anton IV. hatte keine Nachkommen und vermachte sein Erbe den Armen von Tettnang und Langenargen. Und siehe da: Nach Abzug der Schulden reichten rund 14000 Gulden für die Gründung der »Montfortischen Stiftung«.

Graf Montforts teures Schmuckstück blieb uns erhalten: Bis heute belegt der hohe künstlerische Rang des Neuen Schlosses Anspruch und Niveau des Bauherren. Alle guten (und teuren) Künstler der Region waren vertreten, von Star-Stuckateur Joseph Anton Feuchtmayer bis zur Malerin und Goethe-Freundin Angelika Kaufmann. Die gräflichen Appartements, der Bacchussaal und das Fürstenzimmer zeugen vom eleganten Lebensstil jener Zeit. Im »Vagantenkabinett« zeigen die Malereien nicht die üblichen Helden und Götter, sondern einfaches armes und fahrendes Volk. Heute sagt man, das sei eine ironische Vorahnung des Bauherrn gewesen.

www.schloss-tettnang.de

▲ Das Neue Schloss Tettnang kostete die Grafen von Montfort ihre Herrschaft.
◀ Der letzte Montfort-Graf: Anton IV. ▶ Tafel am Brauereigasthof zur Krone.

Pro Deo
et lege!
1290
1787
Fünf Jahrhunderte war
Tettnang
Residenz der ruhm=
reichen Grafen von
Montfort
Ihr letzter Sproß
Graf Anton
starb in diesem Hause
Anno 1787

1788

Forschender Blick auf die Sterne

Die erste Sternwarte im süddeutschen Raum haben anno 1788 die Benediktiner im Kloster Ochsenhausen gebaut. Ein Zeugnis für ihre Aufgeschlossenheit für die Wissenschaften im Zeitalter der Aufklärung. Und für den Bildungsstand der Mönche: Pater Basilius Perger, Astronom und Professor der Mathematik, hat den damals hochmodernen Azimutalquadranten entworfen und konstruiert.

Die Astronomie galt im 18. Jahrhundert als die edelste Wissenschaft und Sternwarten waren durchaus Prestigeobjekte. Das Weltbild hatte sich auch in den Klöstern verändert: Schon um 1700 hatte sich unter Fachleuten das sonnenzentrierte Weltbild durchgesetzt – und im Lauf des Jahrhunderts wurde es Gemeingut. So konnte es geschehen, dass am Ende des 18. Jahrhunderts ein modernes astronomisches Gerät zur Beobachtung der Gestirne und ihrer Bahnen zum technischen Prestigeprojekt im barocken Klosterneubau von Ochsenhausen wurde.

8914 Gulden kostete die Sternwarte, nach heutigem Geldwert knapp eine Viertelmillion Euro. Dennoch zögerte Abt Romuald Weltin 1788 nicht, ihren Ausbau in Auftrag zu geben. Moderne Wissenschaften hatten einen hohen Stellenwert im Kloster. Schon unter Abt Benedikt Denzel hatte eine besondere Förderung der Klosterbibliothek und der naturwissenschaftlichen Studien eingesetzt, die Abt Weltin weiterführte. So entstanden in seiner Amtszeit der neue Bibliothekssaal und eben jene Sternwarte im südöstlichen Turmpaar. Die drehbare Kuppel wurde im südlichen Eckturm des Konventgebäudes untergebracht und ein besonderes, damals höchst modernes astronomisches Messinstrument eingebaut. Mit fast drei Metern Höhe zählt der Azimutalquadrant zu den größten seiner Zeit. Er diente dazu, die Position von Gestirnen zu bestimmen. Beim Anvisieren konnte ihre Höhe über dem Horizont an der Gradeinstellung des Viertelkreises abgelesen werden.

Gefertigt wurde der Quadrant nach Berechnungen und Entwürfen von Pater Basilius Perger (1734–1807), einem – so sein Abt Weltin – »gelehrten Astronomen und Mechanikus«. Perger, 1760 zum Priester geweiht, lehrte im Kloster Philosophie, Theologie, Mathematik und Physik.

Leider setzten Franzosenkriege und Säkularisation dem technischen Wunderwerk extrem zu. Der Quadrant blieb jedoch in Fragmenten erhalten und wurde von 1985 bis 1989 durch Spezialisten des Deutschen Museums München restauriert und ergänzt. So verfügt das Kloster Ochsenhausen heute über den weltweit einzigen aus dem 18. Jahrhundert erhaltenen Azimutalquadranten. Im Rahmen von Klosterführungen kann man ihn besichtigen.

www.kloster-ochsenhausen.de

Der Azimutalquadrant des Ochsenhauser Mönchs Pater Basilius Perger.

1796

Revolutionäre gegen Royalisten

Die erste Schlacht bei Biberach fand am 2. Oktober 1796 eigentlich zwischen Bussen und Waldsee statt. Mit »nur« rund 800 Toten und Verwundeten war es eher ein verlustreiches Rückzugsgefecht. Es gibt ein paar erstaunliche Geschichten dazu. Etwa vom ersten Einsatz eines Regiments, aus dem später die französische Fremdenlegion entstehen sollte. Und davon, woher das schwäbische Schimpfwort »Konde« kommt.

Das Federbachtal sei voller Pulverdampf gewesen, erinnerten sich Zeitzeugen an diesen Oktobertag. Hier, nordöstlich von Schussenried, lag das Zentrum der Gefechtslinie. Die Franzosen hatten sich bei Reichenbach aufgestellt und rannten kilometerweit über offenes Feld gegen die Stellungen der Österreicher an, die sich mit acht Geschützen auf den Höhen hinter Steinhausen verschanzt hatten und mit allem herunterschossen, was wehtat.

Wie war es dazu gekommen und warum ausgerechnet hier? Zwei französische Revolutionsarmeen waren über den Schwarzwald nach Osten eingedrungen. Im Norden rückte General Jourdan vor, im Süden die Rhein- und Moselarmee unter General Moreau. Jourdans nördliche Armee musste nach zwei Niederlagen bei Amberg und Würzburg umkehren. Moreau im Süden ebenfalls, um nicht in die Zange genommen zu werden. Also wollte er schleunigst zurück über den Schwarzwald. Genau das wollte der österreichische Feldzeugmeister Baillet von Latour verhindern und drohte gar Moreau den Rückzug abzuschneiden. Deshalb stellte sich Moreau mit 35 000 Mann bei Biberach auf, um die 15 000 Mann starken Österreicher frontal anzugreifen.

Im Norden schlugen die Franzosen die Gegner vom Federsee bis Mittelbiberach zurück. Im Zentrum bei Steinhausen ging es heftiger zu. Von Oggelshausen her wurde ein Angriffstrupp in die Flanke der österreichischen Artilleriestellung geschickt, doch die Franzosen verfranzten sich im Schienenwald. Von Olzreute bis Winterstetten hatten es General Saint-Cyrs Truppen mit besonderen Gegnern zu tun: französischen Royalisten. Hier hatte sich das »Regiment Hohenlohe« postiert, 1792 von Emigranten aufgestellt, geführt und finanziert vom Fürstenhaus Hohenlohe. Ab 1814 ein Verband der französischen Armee, gilt es als Vorläufer der 1831 gegründeten Fremdenlegion. Die Hohenloher waren Teil der Exiltruppen des Prinzen Condé. Diese »Condéer« waren zähe Kämpfer, aber extrem unbeliebt, weil sie sich seit der Revolution in den oberschwäbischen Dörfern und Höfen durchschnorrten. Im Volksmund wurde der Condéer zum »Konde« als Sinnbild eines zerlumpten Vagabunden. Bei den Kämpfen nahe Schussenried wurden Condéer in den Olzreuter See gedrängt. Die Royalisten, bis zur Brust im Wasser, hielten ihre Musketen hoch und schossen auf ihre revolutionären Landsleute. Vor allem aber beschimpfte man sich gegenseitig nach Strich und Faden.

Am Ende siegten die Franzosen; die Entscheidung fiel bei Biberach. Eines der größten Wunder: Die Wallfahrtskirche Steinhausen stand mitten in der Feuerlinie und nahm keinen Schaden. In den Wäldern dort findet man heute noch viele Soldatengräber. Eine Grabstätte am Staigstock bei Sattenbeuren wurde viele Jahre von einer alten Bäuerin aus Dunzenhausen gepflegt und mit frischen Blumen geschmückt. Sie selbst hatte ihre beiden Söhne in Stalingrad verloren. »Für meine Buben kann ich nichts mehr tun«, sagte sie. »Aber diese armen Kerle hier mussten genauso fern der Heimat sterben.«

▲ Die Schlacht bei Biberach nach Johann Baptist Pflug. ◀ Condéer kämpften gegen ihre Landsleute. ▶ Soldatengrab bei Dunzenhausen.

Lith. de Villain
Régiment d'Hohenlohe
de 1816 à 1824.

Hier ruhen franz. Krieger
gefallen in eynem Gefecht
am 2.10.1796

21. 3. 1799

MITMENSCH
TRAURE ÜBER KRIEGSPLAGEN
16 OESTERREICHER
35 FRANZOSEN
LIEGEN HIER ALS ZEUGEN
VON BLUTSSTRÖMEN
WÜNSCHE DIESEN KRIEGERN
EWIGEN FRIEDE

1799

Mörderische Schlacht um Ostrach

Krieg und Kämpfe gab es immer in Oberschwaben, aber nur wenige richtige Schlachten. Die größte fand am 21. März 1799 bei Ostrach statt: Französische Revolutionstruppen und kaiserlich-österreichische Verbände lieferten sich eine blutige Schlacht; die Entscheidung fiel durch den Sturm mitten durch das Dorf. Rund 8000 Soldaten verloren ihr Leben, doch wie durch ein Wunder kein einziger Einwohner Ostrachs.

Um 3 Uhr in der Frühe brach am Gründonnerstag die Hölle los. 18 000 Franzosen der Donauarmee unter General Jourdan traten rund 52 000 Soldaten der Koalitionsarmee unter Führung von Erzherzog Johann bei Ostrach entgegen. Der Erzherzog hatte am Vorabend noch Kriegsrat in einem Bauernhaus in Otterswang bei Schussenried gehalten. Der Kampf begann im Morgengrauen mit Kanonenbeschuss von den Höhen beim Kloster Sießen und tobte bald auf 15 Kilometern Länge von Königseggwald bis Hohentengen. Ostrach war abwechselnd in französischer und österreichischer Hand. Mehrmals griffen die Österreicher an und mussten durch den eiskalten Ostrach-Fluss waten – unter dem Feuer der Gegner, die sich oben um die Kirche und das Pfarrhaus verschanzt hatten. Um die Mittagszeit zogen sich die Franzosen zurück, suchten Deckung im Wald in Richtung Pfullendorf.

Die Dorfbevölkerung hatte sich mit ihren Familien in den Kellern versteckt. Der Schock kam, als sie danach herauskrochen: »Welch gräßlicher Anblick zeigte sich aller Orten! Todte, Blessierte lagen überall ...«, schrieb ein Ostracher damals auf. Glück im Unglück: Kein einziger Ostracher war darunter. »Daher ist dieser Tag gefeyert worden. Gott sey tausend mal Dank.« Noch tagelang sammelten sie auf den Feldern die Toten ein, rund 4400 an der Zahl, und begruben sie, Freund und Feind in gleichen Gräbern. Die Schwerverwundeten wurden in nahe Städte und Klöster gebracht, wo noch Tausende an Wunden und Infektionen starben.

Für die damals rund 300 Einwohner Ostrachs war es ein so grausiges Erlebnis, dass sie die Erfahrung über Generationen weitergaben. So haben die Ostracher bis heute ein sehr geläutertes Bild vom Krieg und pflegen eine besondere Gedenkkultur: Sie bewahren das mitleidvolle Andenken an die fast 8000 Toten beider Seiten bis heute in Erinnerungsstätten. Den besten Überblick auf das Schlachtfeld hat man vom Buchbühl-Denkmal oberhalb der Straße nach Altshausen, 1903 errichtet. Hier begann der entscheidende österreichische Angriff. Ein Bildstock aus dem Jahr 1963 im Ostrachtal an der Straße nach Krauchenwies, leicht versteckt am Waldrand, stellt einen österreichischen und einen französischen Soldaten dar, beide ernst und kampfesmüde. Das Ostracher Heimatmuseum im Salemer Amtshaus zeigt ein Zinnfiguren-Diorama von der letzten Phase der Schlacht, dazu Kanonenkugeln, Pistolen, Bajonette und weitere Fundstücke vom Schlachtfeld. Auf dem Friedhof in Hohentengen hängen Kanonenkugeln von der Schlacht an der Mauer des Massengrabs. Auch das Stadtmuseum Bad Saulgau zeigt Ausstellungsstücke zur Schlacht bei Ostrach, darunter eine französische Muskete und den Brustpanzer eines Kürassiers.

Nur vier Tage nach der Schlacht bei Ostrach, am 25. März 1799, trafen beide Heere erneut in der Schlacht bei Stockach und Liptingen aufeinander. Diesmal siegten die Franzosen.

▲ Das Buchbühl-Denkmal erinnert an die Schlacht. ◀ Zwei müde Krieger in einem Bildstock im Ostrachtal. ▶ Soldatengrab in Hohentengen.

1803

Kirchengüter gehen an neue Herren

Die Säkularisation brachte den wohl größten sozialen und ökonomischen Umbruch in der Geschichte Oberschwabens. Napoleons Order, die Klöster aufzuheben und die Besitzungen an Adelshäuser zu geben, die er begünstigte, beendete nicht nur die weltliche Herrschaft der Äbte und Pröpste: Ab 1803 war nichts mehr, wie es seit dem Mittelalter gewesen war.

Die Chorherren mussten die Koffer packen. Seit 1183 hatte das Kloster Schussenried bestanden. Nun war Schluss. Die meisten fanden Aufnahme in entfernten Klöstern des Prämonstratenser-Ordens, in Frankreich oder der Schweiz. Manche blieben, um als Seelsorger in ihren Pfarrstellen alt zu werden. Alles, was Klosterbesitz war, blieb zurück. Liturgische Schätze, Kelche und Monstranzen, die wertvolle Bibliothek. Und ein Herrschaftsbereich, der über sechs Jahrhunderte gewachsen war und dem Kloster nicht nur seine ökonomische Grundlage lieferte, sondern repräsentativen Glanz ermöglichte. Und wer kam? Die Grafen von Sternberg-Manderscheid. Ein böhmisches Adelsgeschlecht, das mit Oberschwaben eigentlich nicht viel am Hut hatte. Nur kurze Zeit und eher halbherzig residierten die Sternberg-Manderscheids in den barocken Prunkräumen der vertriebenen Chorherren und waren offenbar ganz froh, als sie wenige Jahre später das ganze neue Besitztum an das Haus Württemberg verkaufen konnten. Ähnlich erging es den Prämonstratensern in Rot an der Rot und Weißenau, den Benediktinern in Ochsenhausen und Zwiefalten. Oder den Benediktinerinnen in Sießen, wo von heute auf morgen der Fürst von Thurn und Taxis das Sagen hatte.

Für die Bevölkerung brach eine Welt zusammen. Die Klöster waren ja weltliche Herrschaften, oft reichsunmittelbar wie die größeren Städte. Die Äbte führten Krummstab und Schwert in ihren Wappen: Zeichen der hohen und niederen Gerichtsbarkeit. Die Klöster verwalteten und verliehen nicht nur die Ökonomien, sondern die gesamte Infrastruktur von den Mühlen bis zum Straßenbau. Seelsorge und Krankenpflege, das gesamte Gesundheits- und Schulwesen hing an den Klöstern. Sie waren die größten Arbeitgeber der Handwerker und Künstler. Wer ins Kloster eintrat, war versorgt und konnte Karriere machen. Talente wurden gefördert; Bauernsöhne konnten studieren und den Doktorgrad erwerben. Alles dahin mit einem Schlag. Chorgestühle blieben leer, Bibliotheken ungenutzt, Fischweiher verfielen.

Aber war die Herrschaft von Krummstab und Schwert 1803 noch zeitgemäß? Nein, sagen die Historiker. Ein halbes Jahrhundert nach der Aufklärung passte die Kombination aus weltlicher und geistlicher Herrschaft immer weniger in den Zeitgeist. 1784/86 waren durch die Reformen von Kaiser Josef II. schon einmal Klöster säkularisiert worden. Das Franziskanerinnenkloster in Reutte etwa, das an die Herren von Waldburg-Waldsee ging und erst 1848 wieder auflebte. Die Klöster waren 1803 bereits weit entfernt von ihren Rokoko-strahlenden Glanzzeiten der Gegenreformation. Das 19. Jahrhundert brach an; es war schon lange Zeit für etwas Neues.

▲ Die Abtei Zwiefalten wurde als eines der ersten Klöster bereits 1802 aufgelöst. ▼ Das Kloster Schussenried ging an ein böhmisches Adelshaus, die Bücher im Bibliothekssaal wurden verramscht.

1806

Dem Württemberger König untertan

Schluss mit der Reichsunmittelbarkeit: Adelshäuser verloren ihre Herrschaft, die Reichsstädte ihre Freiheit. Die Mediatisierung durch Napoleon glich 1806 einer Flurbereinigung der politischen Landkarte, wie sie Oberschwaben seit dem frühen Mittelalter nicht mehr erlebt hatte. Der größte Teil Oberschwabens wurde nun dem neuen Königreich Württemberg zugeschlagen, andere Gebiete fielen an das Großherzogtum Baden und an das Fürstentum Hohenzollern.

Er wäre »lieber Sauhirte in der Türkei als Standesherr in Württemberg!«, soll der Erbgraf von Waldburg-Zeil damals gewettert haben. Den Fürstenbergern und Königseggern wird es ähnlich gegangen sein. Was war geschehen? Napoleon hatte sich mit Friedrich I. wieder »einen König gebacken«, wie es ein Karikaturist damals nannte. Und der bekam nun Oberschwaben zum Herrschaftsgebiet. Als Entschädigung für die Grafschaft Montbéliard bei Belfort, die seit 400 Jahren zum Haus Württemberg gehört hatte und nun vom Kaiser ins Département Doubs einbezogen wurde. Eingetauscht gegen »Mömpelgard« – die Demütigung der oberschwäbischen Adelsstände hätte kaum größer sein können.

Die Mediatisierung nach der Rheinbundakte vom 12. Juli 1806 bedeutete für die bis dahin souveränen Reichsfürsten und Reichsgrafen, dass sie dem in wenigen Jahren vom Herzog zum König aufgestiegenen Württemberger nicht mehr auf Augenhöhe gegenüberstanden, sondern seine Untertanen wurden, ihm ihre Herrschaftsrechte abtreten, ja ihm sogar huldigen mussten. Von reichsunmittelbaren Fürsten und Grafen zu »Standesherren« quasi degradiert, verloren sie zwar weder Besitztümer noch ihre Einkommen als Grundherren. Aber dass dieser Friedrich sie geradeheraus spüren ließ, dass er sie als Vasallen und Untertanen betrachtete, gab dem gefühlten Unrecht noch eine besonders unverschämte Note. Drei Monate im Jahr hätten sie sich zudem an seinem Hofe aufzuhalten: Wer war er denn? Der Sonnenkönig?

Entsprechend ungern reagierten die entrechteten Adligen, als König Friedrich sie nach Stuttgart beorderte, damit sie ihm öffentlich huldigten. Der Fürst von Thurn und Taxis weigerte sich, andere schoben Alter oder Krankheit vor. Die meisten aber fügten sich in ihr »gottgegebenes Schicksal«, wie der Fürst von Waldburg-Zeil berichtete: Sie seien im Thronsaal »einer nach dem anderen wie die Schneegänse«, ja wie »Schlachtvieh« vorgeführt worden, hätten kein anderes Wort sprechen dürfen als die Eidesformel.

Die entthrohnten oberschwäbischen Adelshäuser verspürten in der Folge wenig Lust, sich aktiv am politischen Aufbau des neuen Königreichs zu beteiligen. Was aber nicht heißt, dass sie sich standesgemäßem Müßiggang wie der Jagd hingegeben hätten: Sie steckten ihre Energie in den wirtschaftlichen Aufbau ihrer Familiengeschäfte, was im Aufschwung des 19. Jahrhunderts nicht das Schlechteste war.

Für die bis dahin »Freien Reichsstädte« wie Biberach, Ravensburg oder Pfullendorf, das badisch wurde, bedeutete die Mediatisierung nicht nur den Verlust von Rechten und territorialen Gebieten: Wangen und Isny etwa verloren durch die neue Grenzziehung zu Bayern rund die Hälfte ihres Hinterlandes und damit ihres wirtschaftlichen Einzugsgebiets. Zwei bis dahin blühende Handelsorte rutschten in eine Art »Zonenrandlage« ab, verloren dadurch massiv an Wohlstand und Bedeutung.

Neuer Herrscher: König Friedrich I. von Württemberg in Ornat und Rüstung.

1809

Der Federsee wird geschrumpft

Der Federsee bei Bad Buchau ist heute mit 1,4 Quadratkilometern immer noch der zweitgrößte See Baden-Württembergs. Er könnte der größte sein, größer als der Wörthersee in Kärnten, eine Tourismusattraktion ersten Ranges. Hätte nicht König Friedrich von Württemberg anno 1808/1809 seine Größe durch Seefällungen drastisch reduziert. Sein Ergebnis: 400 Hektar nutzloser Feuchtwiesen.

Man stelle sich das vor: Eine Uferpromenade in Bad Buchau, Segelboote, Strandcafés und Sportboot-Hafen, Villen und Hotels. Bad Buchau würde auf einer Halbinsel liegen; die Seegemeinden wie Oggelshausen, Seekirch und Alleshausen direkt am Ufer. Rund um den See würde der Tourismus boomen. Ein kleiner Bodensee mitten in Oberschwaben. 33 Quadratkilometer groß, nur wenig kleiner als der Starnberger See.

Man kann schon ins Träumen geraten, wenn man sich Landkarten und Stiche aus der Zeit vor über 300 Jahren anschaut. Entstanden war der See aus dem Gletschereis der Kaltzeit vor ungefähr 17 000 Jahren; das Federseebecken erstreckte sich über rund 50 Quadratkilometer, die Ufer waren schon in der Jungstein- und Bronzezeit besiedelt. Buchau war dann im Mittelalter ein wichtiger Ort der geistlichen Obrigkeit, das Damenstift reich und mächtig, die kleine Freie Reichsstadt auf ihrer Halbinsel rundum so gut geschützt, dass sie kaum Stadtmauer und nur ein Stadttor brauchte. Von Buchau nach Oggelshausen verkehrte eine Fähre. Dabei war der See immer am Verlanden, die Seegemeinden mussten damals schon Stege durch den Schilfgürtel bauen, um ans Wasser zu gelangen.

Mit der ersten Seefällung begannen die Schussenrieder Äbte. Das Wasser im Hochmoor entlud sich im Frühjahr und richtete erheblichen Schaden auf den Feldern an. Ab 1765 zog man deshalb Abflussgräben und gewann zudem neue Flächen zur Kultivierung. Die Seefläche wurde dann ab 1787/88 von Norden durch die Vertiefung der Kanzach auf 7 Quadratkilometer verringert. Das brachte 415 Hektar Neuland, war aber immer noch nicht genug: 1808/1809 fand auf Befehl von König Friedrich von Württemberg, der als neuer Landesherr nun zuständig war, eine zweite Seefällung statt. Das Ziel: Mehr Nutzflächen und dadurch eine bessere Versorgung für die Bevölkerung. Der Federsee wurde um 1,14 Meter tiefergelegt, die Seefläche auf nur noch 2,5 Quadratkilometer reduziert.

Landwirtschaftlich gesehen war es ein Flop: Die neu gewonnenen rund 400 Hektar waren wenig fruchtbar und feucht. Man überließ sie bald wieder sich selbst, worauf sich ausgedehnte Röhrichte, Riede und Nasswälder entwickelten. Der Verlandungsprozess führte dann bis 1911 zu einer weiteren Reduzierung der Fläche auf 1,5 Quadratkilometer. Seither konnte man die Verlandung durch extensiven Anbau und neue Abwasser-Klärtechnik verlangsamen. Und es wird sogar versucht, über die Regulierung des Kanzachwehrs den Wasserspiegel leicht anzuheben.

Wollen wir nicht klagen: Der heutige Stand des Federsees schuf eines der schönsten und artenreichsten Naturschutzgebiete Süddeutschlands. Statt Touristen tummeln sich hier seltene Vogelarten. Und er ist ja noch da, groß wie der Titisee, und über einen malerischen, langen Steg zu erreichen.

www.nabu-federsee.de, www.bad-buchau.de

▲ Nach der zweiten Seesenkung saß Buchau auf dem Trockenen, die Seegemeinden ebenfalls.
▼ Durch die Verlandung wurde der Federsee zum einzigartigen Naturparadies.

Der Federsee u. Umgebung aus der Vogelschau.
Bussen 767 m
Offingen
Ahlen
Moosburg
Alleshausen
Seekirch
Tiefenbach
Kappel
Oggelshausen
Buchau

1819

Blitz erschlägt den Schwarzen Veri

Xaver Hohenleiter war für Oberschwaben das, was der Schinderhannes im Spessart war: ein Räuberhauptmann und Held der Folklore. Dazu hat wohl auch sein spektakuläres Ende im Torturm zu Biberach beigetragen. Der Schwarze Veri steht für das Unwesen der Banden und Vaganten in den unruhigen Zeiten nach den Napoleonischen Kriegen. Und für ein Leben, das wohl mehr Elend als Glanz war.

Gustav Schwab hat dem »gar grausligen Ende des Schwarzen Veri« ein Gedicht gewidmet: »Anklopft das Wetter unter Sturm zu Biberach im Sünderturm«. Der Nachruhm und die fast ungeteilte Bewunderung, die der Schwarze Veri in Oberschwaben heute noch genießt, scheint schwer erklärbar zu sein. Dabei war er, gemessen an anderen Räuberlegenden, wohl eher ein kleiner Fisch. Neben dem schwarzhaarigen Xaver »Veri« Hohenleiter, der aus der Gegend von Augsburg stammte, trieben hier noch die Banden des Bregenzer Seppl und des Schleifertoni ihr Handwerk. Sie konzentrierten sich bei ihren Überfällen vor allem darauf, ihren Lebensunterhalt zu sichern. Brot, Mehl, Schinken und Würste fielen ihnen wohl eher in die Hände als Goldschmuck und Silbermünzen. Selbst Bettdecken und Stoff nahmen sie mit. Was sie nicht selber gebrauchen konnten, verkauften sie mit sehr geringem Erlös: Für Diebesware wurde schon damals wenig bezahlt. Meist waren sie auf der Flucht, hatten ihre mehr oder weniger sicheren Unterschlupfe, bewegten sich schnell in der waldreichen Region zwischen Ostrach, Ravensburg und Biberach.

Dass die Banden damals so gefürchtet waren, hing mit der Brutalität zusammen, mit der sie oft vorgingen. Jeder Bauer, jeder Gastwirt, Metzger oder Krämer musste jederzeit damit rechnen, »Besuch« zu bekommen. Einzelgehöfte waren dabei sehr beliebt. Um herauszupressen, wo man Schmuck und Geld versteckt hatte, waren sie nicht zimperlich. Und doch scheuten sie offene Konfrontationen. Meist nur mit Messern und ein paar kaputten Pistolen bewaffnet, hätten sie gegen ernsthafte Gegner auch wenig Chancen gehabt. Schon gar nicht gegen die Übermacht aus Sicherheitskräften und Militär, die in einer wahren Treibjagd mit dem Unwesen Schluss machen sollte. Den Schwarzen Veri nahm der Förster des Grafen zu Königsegg-Aulendorf nahe der Laubbachmühle bei Ostrach fest. Am Ende saßen rund 70 Räuber im Gefängnis in Biberach. Was an jenem Gewittertag des 20. Juli 1819 geschah, wurde viel besungen: Der Blitz schlug in das Dach des Ehinger Tors, drang über eingemauerte Eisenstäbe bis in die Ketten und Armreifen Hohenleiters und tötete den 31-Jährigen auf der Stelle. Um es mit Gustav Schwab zu sagen: »Die andern hat verschont der Schlag. Und nur als schwarze Schlacke lag, mit Ketten und mit Eisenband verschmolzen, einer an der Wand.« Die anderen hatten einfach Glück gehabt: Sie saßen im Weißen Turm und nicht im Ehinger Tor. Jedenfalls ist das der Stoff, aus dem Balladen gemacht werden. Eine himmlische oder höllische Macht hatte den Veri geholt; der irdische Henker war es jedenfalls nicht.

Der Schwarze Veri oder »Schwaaz Vere« wurde zur unsterblichen Legende. Und mit ihm seine Bande, deren Namen jedes Kind aufsagen konnte: der Schöne Fritz, der Einäugige Fidele, Günzburger Sephe, die Drecket Mutter. Gasthäuser wurden nach ihm benannt (Biberach), Narrenzünfte (Ravensburg, Königseggwald), Dixieland-Bands und sogar Buchhandlungen (Bad Saulgau). Nur das Ehinger Tor in Biberach, das wurde zwischenzeitlich abgerissen.

www.schwarzervere.de

Der Schwarze Veri und seine Bande, nach Johann Baptist Pflug 1824, Museum Biberach.

1823

Kinder arbeiten in der Fremde

Die »Schwabenkinder« sind ein ganz besonderes Kapitel im Oberland. Sie kamen über den Sommer aus den armen Alpenregionen, um sich als Hütebuben oder Hausmädchen zu verdingen. Vermittelt wurden sie im 19. Jahrhundert auf dem Hütekindermarkt in der Ravensburger Bachstraße, wo die Bauern der Region sie mit auf ihre Höfe nahmen.

Sie kamen mit den Schiffen über den Bodensee. Mädchen und Jungen, warm eingepackt, ein Bündel über der Schulter. Da hatten sie schon einen beschwerlichen Weg hinter sich: zu Fuß über die Alpenpässe, in Frühjahrsschnee und Kälte, geführt von einem »Kooperator«, der oft ein Geistlicher war und für die Kinder sorgte. In Rorschach und Bregenz wurden sie eingeschifft, dann ging es von Friedrichshafen weiter nach Ravensburg.

Dort auf dem Wochenmarkt wurden immer schon erwachsene Knechte und Mägde vermittelt. Der Gesindemarkt für Vorarlberger und Tiroler Kinder fand seinen eigenen Platz in der Bachstraße vor dem damaligen Gasthaus Krone. Erstmals erwähnt wird dieser Markt 1823 im Correspondenzblatt des Württembergischen Landwirtschaftlichen Vereins: »Ein besonderes Interesse gewährt auch der jedes Frühjahr stattfindende Markt mit Tyroler - und Schweizer Kindern, die daselbst ankommen um sich an Bauern der dortigen Gegend als Treib- und Hirtenbuben und als Kindsmägde zu verdingen.« Traditionell wurde der Hütekindermarkt an Josefi, am 19. März, abgehalten. Wie viele Kinder sich so verdingen mussten, war unterschiedlich. In besonderen Hungerszeiten Mitte des 19. Jahrhunderts sollen es bis zu 4000 Kinder gewesen sein. Die »Verdingung« an die Bauern lief wie bei erwachsenen Dienstboten: Ein Bauer wählte ein für die Arbeit geeignetes Kind aus und vereinbarte mit dem Begleiter oder mit dem Kind selbst die Art der Arbeit und den Lohn. Per Handschlag, wie es üblich war, und mit »Haftgeld« für das Kind, einem kleinen Geldbetrag, wurde der Vertrag abgeschlossen. Meist ging es dann zum Essen in einem Gasthaus - für manche Kinder nach langer Zeit die erste Gelegenheit, sich einmal satt zu essen.

Den allermeisten Kindern ging es auf ihren Höfen gut. Es gab aber auch Misshandlungen und sexuelle Übergriffe: Manch eines der älteren Mädchen soll ungewollt schwanger heimgekehrt sein. Wer von den älteren Kindern schlechte Erfahrungen mit einem Bauern gemacht hatte, warnte die jüngeren mit einem Geheimzeichen: So mancher »Saubauer« lief auf dem Markt mit einem Kreidekreuz auf dem Rücken herum. Zum besseren Schutz der Kinder wurde 1891 der »Verein für Hütekinder und jugendliche Arbeiter für Tirol und Vorarlberg« gegründet. Die Initiatoren, darunter Tiroler Pfarrer und Lokalpolitiker, sorgten etwa für ein Charterschiff von Bregenz nach Friedrichshafen, für eine gute Unterbringung in Oberschwaben und achteten mittels Dienstverträgen darauf, dass die Lohnzusagen eingehalten wurden. Der Lohn im Herbst: ein kleiner Batzen Geld und ein neues Gewand - meist ein abgelegtes der eigenen Kinder. Die Kinder der Bauern profitierten auf ihre Weise: Sie konnten die Schule besuchen, was den Schwabenkindern, die ihre Arbeit machen mussten, zumindest den Sommer über verwehrt blieb.

Ins Interesse der internationalen Öffentlichkeit geriet der Markt 1908, als eine deutschsprachige Zeitung in Cincinnati über den Hütekindermarkt berichtete und ihn als Sklaverei anprangerte. Mit dem Ersten Weltkrieg war diese Geschichte dann sowieso zu Ende.

www.schwabenkinder.eu

Der Hütekindermarkt in der Bachstraße in Ravensburg, Zeichnung um 1848.

Krone

Gott ist mein Heil,
ich bin sicher
und fürchte mich nicht.

1824

Pietisten im katholischen Land

Von welcher Himmelsrichtung man auch nach Wilhelmsdorf kommt, der Weg führt über den Saalplatz, wo sich die vier Hauptstraßen treffen. In der Mitte des Platzes steht der Betsaal, das Gotteshaus der evangelischen Brüdergemeinde. Der Kreisverkehr ist verwirrend für auswärtige Autofahrer, denn der Betsaal sieht von allen Seiten genau gleich aus. Wilhelmsdorf ist eben nicht gewachsen wie andere Ortschaften, es wurde im Jahr 1824 nach einem Plan angelegt.

Ausgerechnet mitten im katholischen Oberschwaben sollten Pietisten aus dem Raum Stuttgart siedeln, und dies auf Veranlassung des württembergischen Königs Wilhelm I. In den Augen der Nachbarn waren die Siedler nicht einmal richtige Protestanten, sondern Separatisten. Die Einführung einer neuen Liturgie für die württembergische evangelische Landeskirche sahen viele Pietisten als unchristlich an. Viele wanderten auch deshalb nach Amerika aus. Bis der Leonberger Bürgermeister Gottlieb Wilhelm Hoffmann bei König Wilhelm I. die Genehmigung zur Gründung einer »Brüdergemeinde« bei Korntal bekam, die ihre religiöse Verfassung selbst bestimmen konnte. Als Hoffmann dem König anbot, ihm Teile des unfruchtbaren Pfrunger Rieds aus dem königlichen Privatbesitz abzukaufen, gab Wilhelm die Genehmigung zur Gründung einer »Kolonie« als Tochtersiedlung von Korntal. Dem König war's recht: Die Brüdergemeinde bot an, das Lengenweiler Moosried trockenzulegen und den Ort nach ihm zu benennen. Besser so, als durch Auswanderung noch mehr Untertanen zu verlieren.

Im Jahr 1824 begannen die ersten Siedler mit der Trockenlegung. Als Altwürttemberger hatten sie mit der Bewirtschaftung solcher Flächen wenig Erfahrung und mussten sich immer wieder Geld beim König leihen. Doch der Glaube war stärker – auch dank der Hilfsbereitschaft der katholischen Nachbargemeinden. Neben der Landwirtschaft waren es vor allem die sozialen Einrichtungen wie die »Zieglerschen Anstalten«, die Wilhelmsdorf über das 19. Jahrhundert die eigenständige Existenz sicherten. Der quadratische Betsaal, 1828 als Kirche der evangelischen Brüdergemeinde errichtet, ist nicht nur optisch, sondern auch geistig die Mitte des Ortes und eng mit der Entstehungsgeschichte Wilhelmsdorfs verbunden. Auf Grund des besonderen quadratischen Ortsplans wurde Wilhelmsdorf damals auch als Christianopolis (Christenstadt) bezeichnet: Alle Menschen waren vor Gott gleich; kein Haus durfte höher sein als das andere.

Die evangelische Brüdergemeinde ist immer noch sehr lebendig. Darüber hinaus hat sich Wilhelmsdorf zu einem quirligen Ort mit 4700 Einwohnern entwickelt. Er ist ein kleines Mittelzentrum für die gesamte Region um das Pfrunger Ried, mit Einkaufsmöglichkeiten, Gymnasium und bequemer Pendel-Entfernung in die oberschwäbische »Metropole« Ravensburg.

Zwischen Wilhelmsdorf und Ostrach gibt es zudem viel zu entdecken: Das zweitgrößte Ried Süddeutschlands ist ein Paradies für Wanderer und Naturfreunde, Pflanzen- und Vogelkundler. Vor Jahren wurde das Pfrunger Ried am westlichen Rand des Landkreises Ravensburg mit den nördlich angrenzenden Moorgebieten im Kreis Sigmaringen zum Naturschutzgebiet Pfrunger-Burgweiler Ried zusammengefasst, über das der Schwäbische Heimatbund wacht.

www.gemeinde-wilhelmsdorf.de
www.bg-wdf.de

▲ Der Wilhelmsdorfer Betsaal von 1828 sieht von außen auf allen vier Seiten gleich aus.
▼ Der Innenraum.

1840

Der Boom der Brauereien

Im 19. Jahrhundert blühte das Brauwesen in Oberschwaben. Allein 20 Brauereien zählte man um 1890 in Saulgau, sieben in Waldsee, 21 in Ehingen. Nicht nur für den Hausgebrauch: Der Wegfall der Zollschranken ermöglichte den »Export« in die Region per Fuhrwerk; die Eisenbahn ab 1850 noch weiter. Mit dem Ausbruch des Ersten Weltkriegs war der Bier-Boom allerdings wieder dahin; nur wenige Brauereien überlebten.

Eigentlich begann die Biergeschichte Oberschwabens nach dem Dreißigjährigen Krieg: Die Weinberge waren zerstört; Bier löste Wein als Volksgetränk ab. In den Anfangsjahren des Königreichs Württemberg ab 1806 kam der Most hinzu: Das wertvolle Brotgetreide für Bier zu verwenden war nahezu verboten. Dafür war Oberschwaben zum einheitlichen Wirtschaftsraum geworden: keine Zollgrenzen mehr; jeder konnte sein Bier überall hinkutschieren und verkaufen. Hier schlugen die Geburtsstunden der regionalen Brauereien: Härle in Königseggwald wurde 1822 gegründet; Farny in Kißlegg 1833. »Die meisten großen Brauereien sind dann erst ab 1840 entstanden«, weiß der Bergatreuter Bier-Fachmann Paul Sägmüller. Auch die technischen und wissenschaftlichen Neuerungen auf dem Gebiet des Brauwesens trugen zum Aufschwung der Brauereien bei. Die Kühlung des untergärigen Biers war dabei die größte Herausforderung. Ab den 1820er-Jahren wurden große Bierkeller gebaut. Ab 1850 setzte sich die Kühlung mit Eis durch, das im Winter in Eisweihern oder mit Eisgalgen gewonnen wurde und den ganzen Sommer hielt. In größeren Brauereien lösten Dampfmaschinen die Handarbeit und Pferdegöpel ab (man nannte sich stolz »Dampfbrauerei«). Um 1900 kamen elektrische Kühlanlagen von Linde dazu; zudem wurde zum »Gassenbier« jetzt auch »Flaschenbier« verkauft.

Heute gibt es immerhin in ganz Oberschwaben noch acht mittelständische Brauereien, sechs davon familiengeführt: Zimmermann in Berg, Ott in Bad Schussenried, Härle in Leutkirch, Leibinger in Ravensburg, Zoller-Hof in Sigmaringen, die Kronen-Brauerei Tauscher in Tettnang sowie Farny in Kißlegg (Oscar-Farny-Stiftung) und die Genossenschaft Walder Bräu, ehemals Härle Königseggwald. Dazu entstanden in jüngster Zeit viele kleinere, darunter Craft-Beer- und Gasthausbrauereien und sogar reaktivierte Traditionsbrauereien, die in den 1970er-Jahren hatten schließen müssen: Warthauser Bier und Aulendorfer Schlossbräu gibt es heute wieder zu trinken. Ehingen hält seine fünf noch bestehenden Brauereien besonders hoch und wirbt als »Bierkulturstadt«. Und in Biberach lebt einzigartig eine Tradition fort: die Bierkeller, ab etwa 1835 überall zur Kühlung in den Berg getrieben, mit Kastanien beschattet und mit einem Ausschank zur Sommerwirtschaft aufgerüstet. Noch heute sitzt man wunderbar im Biberkeller, Schwanenkeller, Pflugkeller und Schützenkeller am Gigelberg, auch wenn die zugehörigen Brauereien längst Geschichte sind.

In Bad Saulgau, wo mit dem »Hasen« 1977 die letzte Brauerei schloss, kann man im Stadtmuseum die Geschichte der oberschwäbischen Brauereien erleben: Der Braumeister und Bierfachmann Hans-Georg Rimmele hat hier eine sehr schöne Brauerei-Abteilung eingerichtet. Saulgau-Fulgenstadt war früher das zweitgrößte Hopfenanbaugebiet Oberschwabens – nach Tettnang, wo heute noch der beste Hopfen Deutschlands angebaut wird und ein Museum im Hopfengut der Familie Locher alles darüber erzählt.

www.bad-saulgau.de/stadtmuseum

▲ Die Sonnen-Brauerei war bis 1918 eine von 20 großen Brauereien in Saulgau.
▼ Die Rose in Berg braute noch bis 1993, Götz in Scheer bis 1989.

Sonnen-Brauerei
Oscar App
Saulgau.

SPEZIAL-BIER
SEIT 1811
TRAUBEN-BRAUEREI
SAULGAU

Brauerei
zur Rose
Berg-Donau

J.GÖTZ'SCHE BRAUEREI
SCHEER a.D.

Durlesbach
051 531-2

1850

Die Schwäbische Eisenbahn: Lied und Wirklichkeit

Das Lied aus dem Jahr 1853 kennt fast jeder: »Stuttgart, Ulm und Biberach« – aber wo liegt Durlesbach? Als die Tübinger Studenten ihr Spottlied dichteten, war die Württembergische Südbahn gerade vor drei Jahren eingeweiht worden. Sie führt von Ulm über Biberach, Aulendorf und Ravensburg nach Friedrichshafen. Und sie war damals eine verkehrstechnische Pionierleistung, die weitaus mehr in Schwung brachte als den Bauern und seinen Geißbock.

Es war ein wahres Eisenbahnfieber damals: 1835, als gerade die erste deutsche Bahn von Nürnberg nach Fürth fuhr, gründeten Ulmer Gewerbetreibende die »Eisenbahngesellschaft«, um eine Bahnstrecke von Stuttgart über Ulm und Biberach bis Friedrichshafen zu finanzieren und in Stuttgart politisch Druck zu machen. Die Städte Biberach, Ravensburg und Friedrichshafen waren sofort mit dabei. Sie hatten erkannt, welchen wirtschaftlichen Aufschwung so eine Bahnlinie nach Oberschwaben bringen konnte. Sehr zum Missfallen von Blaubeuren, Schelklingen und Ehingen, die den Bau durch Blau- und Schmiechtal bevorzugt hätten, verlief die Trassenführung von Ulm das Rißtal hinauf und dann das Schussental hinunter. Nach nur 15-monatiger Bauzeit ging 1847 die Teilstrecke von Friedrichshafen nach Ravensburg in Betrieb. Atemberaubende 40 Minuten nur brauchte die Dampflok »Schussen« mit sechs Waggons für die 20 Kilometer. Im Sommer 1850 war dann auch die Strecke Biberach-Ulm fertig und Oberschwaben an das württembergische Eisenbahnnetz bis Heilbronn angeschlossen.

Die »Schwäbische Eisenbahn« hat wesentlich mehr Haltestellen als im Lied: 17 Stück nämlich. Schussenried war wichtig für die jüdischen Kaufleute in Buchau, Aulendorf für den Anschluss ins Allgäu. Die Bahn brachte bei ihrem Bau die ersten Gastarbeiter aus Italien nach Oberschwaben und danach die Stuttgarter Hautevolee zur Sommerfrische in die königliche Residenz Friedrichshafen. Güterwagen rollten vom Neckarhafen in Heilbronn an den See und von dort per Trajektfähre in die Schweiz. Eine logistische Revolution: Die Zeit der Pferdefuhrwerke im Gütertransport war mit der Ankunft der »Königlich Württembergischen Staatseisenbahn« endgültig vorbei. Deren Abkürzung »K.W.St.E.«, die überall zu lesen war, interpretierte der oberschwäbische Humor als »Komm, Weib, steig ei«.

Und Durlesbach? Wer heute auf der »Schwäbischen Eisenbahn« von Ulm nach Süden fährt, braust kurz nach Aulendorf daran vorbei, denn seit 1984 hält hier kein Zug mehr. Selten hat jemand einen Blick übrig für den wunderschönen Schussentobel im Altdorfer Wald, in dem die vielbesungene Haltestelle liegt. Bis zum Bau der Bahnlinie Aulendorf-Leutkirch war sie der Bahnhof für die vier Kilometer entfernte Stadt Waldsee. Heute findet man hier noch ein paar wenige Häuser, ein Holzwerk und im stillgelegten Bahnhof ein uriges kleines Café. Daneben steht ein besonderes Denkmal für das Lied, das Durlesbach einst berühmt machte: ein Original-Personenzug aus jener Zeit samt einer lebensgroßen Skulpturengruppe mit Bauer und Bäuerin, Kondukteur und Geißbock, die der Bad Waldseer Künstler René Auer 1990 geschaffen hat.

▲ Durlesbach, der Kleinstbahnhof im Schussentobel, war bis 1984 in Betrieb.

▼ Vom Lied zur Kunst: Bauer und Geißbock in Durlesbach.

1884

Ein Spiel geht um die Welt

Otto Maier würfelt und zieht drei Felder weiter: Sein Indianer hat es bis Afrika geschafft. Stolz und glücklich blickt der gelernte Buchhändler auf sein »Reise um die Erde«. Ein Jahr zuvor hat er in Ravensburg einen Buchverlag gegründet, jetzt liegt der Prototyp seines ersten Brettspiels vor ihm auf dem Schreibtisch. Ob er an diesem Tag im Jahr 1884 schon ahnt, dass dies der Beginn eines wahren Spiele-Imperiums sein würde?

Bücher sind von Beginn an seine Welt. 1852 als Sohn eines Ravensburger Buchhändlers und Verlegers geboren, steigt Otto Maier 1876 in die »Dorn'sche Buchhandlung« seines Vaters ein. Doch bald macht der junge Otto sein eigenes Ding: 1883 schließt er seinen ersten Autorenvertrag ab; das Datum gilt als Gründungsjahr seines Verlags. Inspiriert ist er dabei von den pädagogischen Reformentwicklungen seiner Zeit. Sein Ziel: Unterhaltung und Belehrung zu verbinden. Seine Maxime: Lernen durch Tun. Sein Qualitätsanspruch: Nur das Beste. Das frühe Programm umfasst Vorlagenmappen für Handwerker, Bildungs- und Familienspiele, Ratgeber und Kindererzählungen.

Gute Qualität, edle Ausstattung, aktuelles Thema – so sollen Otto Maiers Spiele sein. »Reise um die Erde« heißt das erste, nach dem Jules-Verne-Bestseller »In 80 Tagen um die Welt«. Gemäß dem Verlagsanspruch »Nur das Beste« ist das Spiel mit kaschiertem Spielplan, bemalten Zinnfiguren und hochwertiger Schachtel aufwendig ausgestattet. Der Ladenpreis von »Reise um die Erde«: 3 Goldmark. Damals der Tageslohn eines Handwerkers. Nach 1900 kommen Bilderbücher, Beschäftigungsspiele, Modellbau-Anleitungen und »Malen nach Zahlen« dazu. 1925, im Jahr von Otto Maiers Tod, sind bereits über 1000 Verlagsprodukte erschienen.

Der hohe Anspruch an Inhalt und Ausstattung gilt für jedes Spiel, das der Verlag seit 1884 herausbringt. »Fang den Hut« (1927), »Das goldene Spielemagazin« (1958), »Memory« (1959), »Malefiz« (1960), viele der Neueinführungen werden schnell zu Klassikern. Zwar bringt der Otto Maier Verlag zahlreiche Kinderbücher heraus, darunter Klassiker wie »Die schwarze Hand« und Wimmelbücher von Ali Mitgutsch, doch Spiele und Puzzles sind nun bereits die stärksten Säulen im Programm. 1979 erhält »Hase und Igel« als erstes Spiel die Auszeichnung »Spiel des Jahres«,1982 dann »Sagaland« und 1983 »Scotland Yard«. Der Schritt in die Moderne folgt 2010 mit »Tiptoi« – einem audiodigitalen Lernspiel. Mittlerweile ist das Ravensburger-Logo mit dem blauen Dreieck weltweit bekannter als die Stadt Ravensburg selbst.

1998 wird in Meckenbeuren mit dem »Ravensburger Spieleland« der erste Freizeitpark Oberschwabens eröffnet. Original Ravensburger Spiele von »Memory« bis zum »Verrückten Labyrinth« als übergroßer Familienspaß zum Mitmachen ziehen jährlich über 400 000 Besucher an.

Der Schreibtisch, auf dem alles begann, steht heute im »Museum Ravensburger« im Stammhaus des Verlags in der Marktstraße 26. Das komplette Büro Otto Maiers ist hier nachgebaut, samt seinem Aktenschrank mit penibel sortierten Geschäftsbereichen: Spiele, Bücher, Lernmaterial, Puzzles ... Nach genau diesem Prinzip ist die Ravensburger AG bis heute aufgebaut. Mit über 2000 Mitarbeitern weltweit und immer noch Familienunternehmen, heute geführt von Clemens Maier als Vorstandsvorsitzendem.

www.ravensburger.de
www.spieleland.de

Das allererste Spiel von Otto Maier war von Jules Vernes Romanen inspiriert.

Reise um die Erde.
ein humoristisches geographisches Gesellschaftsspiel

99 637

99 633

1896

Verkehr auf schmaler Spur

Die Schmalspurbahnen waren für Oberschwaben der Weg vom Land in die Stadt. Zum Ende des 19. Jahrhunderts wurde die Hauptstrecke Ulm–Friedrichshafen durch ein Netz von Nebenstrecken ergänzt. Für den Personenverkehr, als Zubringer für die Arbeiter in der wachsenden Industrie, aber auch zum Warentransport. Nur eine dieser Bahnen ist heute noch in Betrieb: das »Öchsle« von Ochsenhausen nach Warthausen.

Als schon die ersten Autos fuhren, waren weite Teile des ländlichen Oberschwaben immer noch von den Hauptverkehrswegen abgeschnitten. Waren wurden auf Fuhrwerken transportiert und Menschen in Kutschen – zumindest bis zu den »großen« Bahnhöfen der seit 1850 bestehenden Südbahn. Zudem mussten viele Arbeiter vom Land ihren Weg zu Fuß in die Fabrik antreten – oft eine Stunde oder länger. Auf sie waren aber gerade die florierenden Industriebetriebe im Riß- und Schussental angewiesen. Die Teuringertalbahn etwa brachte von 1922 bis 1960 die Arbeiter aus dem Hinterland ins Zeppelin-Werk nach Friedrichshafen.

1896 wurde die Schmalspurstrecke vom Bahnhof Schussenried nach Buchau eingeweiht. Sie diente nicht nur dem Personenverkehr, sondern auch dem Warentransport. Vom Torfwerk im Federseeried bei Sattenbeuren wurden die Torfwasen gebracht als Brennstoff für die Dampflokomotiven, regional abgebaut und dadurch günstiger als Kohle. Das Königliche Hüttenwerk im früheren Schussenrieder Klostergarten bezog über den Anschluss waggonweise Koks für seinen Hochofen und lieferte dafür Kanaldeckel und Tannenzapfen für Kuckucksuhren in alle Welt.

Die Verlängerung der Federseebahn bis Riedlingen war 1916 die letzte Schmalspurstrecke, die von den Königlich Württembergischen Staats-Eisenbahnen eröffnet wurde. Der Verkehr blieb im bescheidenen Rahmen: 1912/13 wurden in Buchau 11 650 Tonnen Güter umgeschlagen und 44 030 Fahrkarten verkauft. Das »Buchemer Zügle«, wie es die Bevölkerung nannte, erfreute sich trotzdem großer Beliebtheit.

Wer heute erleben will, wie man mit der Bimmelbahn zu jener Zeit reiste – die Strecke von Ochsenhausen nach Warthausen nördlich von Biberach ist noch komplett funktionsfähig. Das »Öchsle« ging 1899 in Betrieb und ist die einzige erhaltene Schmalspurbahn der Königlich Württembergischen Staats-Eisenbahnen. Von Mai bis Oktober dampft das Öchsle an Wochenenden und Feiertagen dreimal täglich die 19 Kilometer lange Strecke von Ochsenhausen nach Warthausen und zurück. »Bitte einsteigen und Türen schließen«: Man sitzt in originalen Waggons aus jener Zeit, genießt im Restaurationswagen Bier und Wurst und lässt sich vom Konduktör das Bilettle knipsen.

In den 1920er-Jahren war es größtenteils vorbei mit dem Ausbau der Schmalspurbahnen. Um das Jahr 2000 legte der Arbeitskreis Verkehr der Grünen im Stuttgarter Landtag den Plan auf den Tisch, die Schmalspurstrecken für den öffentlichen Personennahverkehr wieder in Betrieb zu nehmen. Das Problem: Die meisten Gleise sind abgebaut, die Trassen teilweise überbaut und die Bahndämme von einst werden als Fahrradwege genutzt. Immerhin wird in jüngster Zeit geplant, noch funktionsfähige Nebenstrecken wieder in Betrieb zu nehmen. Von Mengen nach Stockach, von Altshausen nach Pfullendorf, von Roßberg nach Bad Wurzach und von Leutkirch nach Isny könnten also wieder Personenzüge fahren.

www.oechsle-bahn.de

▲ Das »Buchemer Zügle« dampfte zwischen Schussenried und Riedlingen. ▼ Das »Öchsle« lebt als Museumsbahn weiter, hier mit einer 99er-Schmalspurlok.

1909

Mit Bautz und Lanz aufs Feld

Der Bau von Traktoren und Erntemaschinen hat in Oberschwaben Tradition: Bautz in Saulgau und Lanz in Aulendorf brachten nach 1900 die Landwirtschaft ins Rollen, perfektionierten die mechanisierte Futterernte und schufen Traktoren-Klassiker. Wer unter Oldtimer-Freunden einen »HELA 14« oder ein »Bautzle« besitzt, hält den alten Traktor besonders in Ehren.

Es war im Jahr 1909, als der Allgäuer Schmied Josef Bautz eine kleine Maschinenfabrik im oberschwäbischen Saulgau übernahm. Aus kleinsten Anfängen schufen er und seine Söhne ein Unternehmen, das besonders bei der mechanisierten Halmfutterernte zu den bedeutendsten seiner Branche wurde. Das Grasmähwerk »Attila«, vor das man Pferde spannte, wurde zum Renner, ebenso wie Trommel-Heuwender und der Getreidemäher »Imperator«. Ab den 1920er-Jahren folgte die Motorisierung der Landwirtschaft: Im nur zwölf Kilometer entfernten Aulendorf hatte Hermann Lanz 1936 begonnen, Traktoren zu bauen, und so zog man bei Bautz nach. 1950 verließ der erste Bautz-Traktor das Werk im hessischen Großauheim. In den 1950er-Jahren blühte die Produktion. 12 PS, luftgekühlt: 1954 lief schon der 5000. Schlepper vom Band. Mit Motoren bis 22 PS deckte Bautz die am meisten gekauften Leistungsstärken dieser Zeit ab.

Ab 1915 begann Hermann Lanz in Aulendorf mit der Herstellung von selbst entwickelten landwirtschaftlichen Geräten zur Feldbearbeitung wie Eggen, Pflügen und Walzen – und stellte 1936 den ersten Schlepper her. 1938 trat mit Anton Lanz die dritte Generation in das Familienunternehmen ein. Im Jahr darauf wurde die Produktion von Landmaschinen aufgegeben, und Lanz konzentrierte sich fortan voll auf die Produktion von Traktoren. Nicht zu verwechseln übrigens mit der Heinrich Lanz AG in Mannheim, die bereits 1921 den Lanz Bulldog vorstellte. Die oberschwäbischen Traktoren liefen unter der Bezeichnung HELA – für Hermann Lanz Aulendorf. 1979 verkaufte die Familie Lanz die Firma an die IBH-Holding; die Fertigung von Traktoren wurde eingestellt – nach 50 Jahren und über 30 000 Traktoren – und die Gebäude in Aulendorf wurden 1995 abgerissen.

Bereits 1962 hatte Bautz die Traktorproduktion eingestellt und entwickelte in Saulgau den Bau von Erntemaschinen weiter; 1969 wurde der Betrieb vom westfälischen Landmaschinenhersteller Claas übernommen. Claas setzt die Tradition fort und produziert heute als einer der größten Arbeitgeber in Bad Saulgau die komplette Futterernte-Kette wie Mähwerke, Wender, Schwader und Ladewagen. Aber leider keine Traktoren mehr. Die haben heute auch ganz andere Dimensionen als die handlichen Bautz- und Lanz-Schlepper, die man als Kleinbauer vor Jahrzehnten zu schätzen wusste.

Auch heute noch sind Lanz und Bautz allgegenwärtig: Kaum ein oberschwäbisches Fest auf dem Land ohne ein Treffen der liebevoll gepflegten grünen Ein- und Zweizylinder-Schlepper. Und immer wieder sieht man auf einem Hof oder in einem Feld ein rotes Gerät mit vier großen gelben Sonnenrädern: Die Bautz-»Spinne« steht in Oberschwaben schon fast als Synonym für Heuwender.

www.hela-diesel.de

◀ Auch mit 1 oder 2 PS: Erntetechnik anno 1909. ▶ Die Bäuerin freut sich: Bautz-Werbung von 1951. ▼ Die Hela-Traktoren aus Aulendorf sind heute noch Kult.

Bautz
Erntemaschinen

Bautz
12 PS DIESEL
Zweizylinder-Viertakt
Bautz AS 23

Hermann
Lanz
Aulendorf

1931

Schwester Hummels verkannte Kunst

Hummel-Figuren sind weltberühmt. Doch nur wenige wissen, dass sie auf die Zeichnungen einer Franziskanerin aus dem Kloster Sießen bei Bad Saulgau zurückgehen. Berta Hummel trat nach ihrem Kunststudium in München 1931 in das Kloster der Franziskanerinnen von Sießen ein, wo sie bis zu ihrem frühen Tod 1946 lebte und wirkte.

Kinder beim Spielen und in niedlichen, oft humorvollen Alltagssituationen waren zeitlebens ihr Lieblingsmotiv. Doch in der Kaufmannstochter aus Massing an der Rott bei Landsberg steckte viel, viel mehr. Schon in der Mädchenschule der Englischen Fräulein in Simbach am Inn erhielt Berta Hummel intensiven Kunstunterricht. Es folgte ein vierjähriges Studium an der Akademie für Angewandte Kunst in München. Ihren Abschluss schaffte sie 1931 als Klassenbeste mit der Lehramtsprüfung für Zeichenlehrerinnen. Aus dieser Zeit erhalten sind Porträts, Karikaturen, Stadtansichten, Blumenwelten, Stillleben und Selbstporträts im expressionistischen Stil. Doch gleich nach dem Abschluss folgte sie ihrer zweiten, religiösen Berufung: Sie trat in das Kloster der Franziskanerinnen von Sießen ein. Sie kannte es, weil zwei Schwestern von dort mit ihr in München studiert hatten. Das war auch beruflich ihre erste Stelle: Ab 1931 unterrichtete sie als Zeichenlehrerin an einer Saulgauer Schule und übernahm die künstlerische Leitung der Paramentenherstellung im Kloster, der kunstvollen Fertigung von Messgewändern und anderen liturgischen Textilien. Eigentlich eher als Hobby zeichnete sie Kinderbilder, süße Geschöpfe mit runden Gesichtern, teils verträumt, teils in lustigen Situationen: Erinnerungen an ihre eigene, unbeschwerte Kindheit, meist mit kleinen Versen und Sprüchen unterschrieben.

Ausgerechnet diese Kinderbildchen wurden ausgesprochen populär. Im Jahr 1934, die Schwester mit dem neuen Ordensnamen Maria Innocentia Hummel hatte gerade die Ewige Profess abgelegt, begann die dreidimensionale Vermarktung: Die Porzellanfabrik W. Goebel erhielt die Lizenz, Hummels Zeichnungen in Keramik-Figuren umzusetzen. 1935 kamen die ersten farbig glasierten Feinkeramik-Kleinplastiken auf den Markt. Die Nationalsozialisten waren kurz davor, die »wasserköpfigen Wichtel« und »klumpfüßigen Dreckspatzen« zur »entarteten Kunst« zu erklären. Doch gegen die Popularität der Hummel-Figuren kamen sie nicht an – und die wuchs weltweit: Schon auf der Leipziger Messe 1935 gingen die Figuren zu Tausenden in die USA, wo sie heute noch begehrte Sammelobjekte sind. In Deutschland soll vor dem Krieg jeder zweite Haushalt eine Hummel-Figur besessen haben. Innocentia Hummel war weniger Glück beschieden: 1944 erkrankte sie an einer Rippenfellentzündung und starb 1946 im jungen Alter von 37 Jahren.

Über die Jahre entstanden über 400 verschiedene Figuren – doch nie ohne die Franziskanerinnen von Sießen. Ein Sachverständigengremium des Klosters und der Familie prüfte die Entwürfe. Ein Teil der Erlöse geht immer noch an die Franziskanerinnen von Sießen, die dadurch verschiedene Projekte finanzieren können. Den großen Franziskusgarten etwa, der immer mehr Besucher anzieht. Überhaupt hält man Schwester Innocentia hier sehr in Ehren: Der Hummelsaal im Kloster Sießen zeigt die eher unbekannte Seite der Künstlerin mit religiöser Kunst, Aquarellen, Porträts und einem Kreuzweg.

www.klostersiessen.de

◀ Schwester Maria Innocentia Hummel. ▶ Hummel-Figur am Haupteingang der Hummel-Manufaktur im fränkischen Rödental. ▼ Kloster Sießen bei Bad Saulgau.

1944

Plötzlich Hauptstadt Frankreichs

Die Trikolore auf Schloss Sigmaringen: Für ein knappes halbes Jahr war das Städtchen an der Donau Hauptstadt von Frankreich. Im Herbst 1944 begann eine bizarre Tragikomödie. Die Nationalsozialisten quartierten Marschall Pétain und seine Vichy-Regierung in Deutschland ein. De Gaulles Truppen machten im April 1945 dem Spuk ein Ende – und nahmen blutige Rache an ihren Landsleuten.

Es war eine absurde Episode, die sich gegen Ende des Zweiten Weltkriegs in Sigmaringen abspielte. Und weder das Fürstenhaus Hohenzollern noch die Sigmaringer waren begeistert; man hatte sie auch nicht gefragt, ob sie ein Teil Frankreichs sein wollten. Marschall Philippe Pétain war seit Juni 1940 Staatschef des von der deutschen Wehrmacht besetzten Frankreich. Statt in Paris residierte das Regime aus Nazi-Kollaborateuren und Faschisten in Vichy in der Auvergne.

Alles wendete sich am 6. Juni 1944 mit der Landung der Alliierten in der Normandie. Zehn Wochen später befreiten sie Paris, gemeinsam mit den Truppen von Charles de Gaulle. Philippe Pétain hatte offenbar beschlossen, sich de Gaulle auszuliefern. Doch Hitlers Außenminister Ribbentrop verhinderte es in einer Nacht- und Nebelaktion: Die gesamte Vichy-Regierung wurde gewaltsam nach Sigmaringen gebracht. Von dort aus sollte sie die Wiedereroberung Frankreichs vorbereiten.

Für Pétain und seine Entourage wurde auf Schloss Sigmaringen ein ganzer Trakt freigeräumt. Mit seiner Frau residierte er ganz oben im Schloss. »Pétain schläft in meinem Bett!«, empörte sich die ausquartierte Fürstin in einem Brief. Während die Sigmaringer mit Lebensmittelkarten und Mangel zurechtkommen mussten, wurden die Gäste mit allem Komfort und fürstlichen Drei-Gänge-Menüs verwöhnt. Die Vichy-Beamten gaben sich derweil Mühe, so etwas wie Regierungsalltag zu inszenieren. Mit Kabinettssitzungen, mit Verlautbarungen und Erlassen. Französische Milizsoldaten in blauen Uniformen hielten Wache vor dem repräsentativen Regierungssitz. Man lud Stars aus Frankreich zu Galas im Hoftheater ein, feierte französische Messen in der Schlosskirche. Viele der rund 2000 Franzosen waren in beschlagnahmten Hotels und bei Sigmaringer Bürgern einquartiert. Ein eigener Radiosender, »Ici la France«, unterhielt in französischer Sprache ein Programm mit Schlagermusik, rief zum Widerstand gegen de Gaulle auf und zum Durchhalten bis zum deutschen »Endsieg«.

Ende 1944 wurde es ungemütlich. Alliierte Truppen standen am Rhein, täglich donnerten ihre Bomber über Sigmaringen. Die meisten Sigmaringer Franzosen machten sich aus dem Staub. Am 21. April 1945 um vier Uhr morgens holte die Gestapo die Vichy-Beamten aus dem Schloss und brachte sie weg. Die Trikolore auf dem Schlossturm wurde eingeholt – und bereits einen Tag später wieder aufgezogen. Diesmal von Befreiungstruppen unter der Führung Charles de Gaulles. Wer von den Vichy-Franzosen nicht hatte fliehen können, spürte die furchtbare Rache der Gaullisten. Zeitzeugen erzählen, dass sie ihre Landsleute hinten an ihre Jeeps banden und durch die Dörfer im oberschwäbischen Hinterland zu Tode schleiften.

Philippe Pétain, bereits 89 Jahre alt, wurde in Paris zum Tode verurteilt, dann von Charles de Gaulle zur lebenslangen Verbannung auf der Atlantikinsel Île d'Yeu begnadigt. Viele andere Vichy-Vertreter hatten weniger Glück: Sie wurden in Frankreich wegen Hochverrats exekutiert.

»Château du Maréchal Pétain«: Bildpostkarte von 1944 im Tagebuch des Dolmetschers Alphonse Stoffels.

38)

Château du Maréchal Pétain
- 7 octobre 1944 -
Sigmaringen

1949

Hans Liebherr erfindet den mobilen Baukran

Ein junger Bauunternehmer aus Kirchdorf an der Iller hatte zum Kriegsende eine praktische Idee zum Wiederaufbau Deutschlands. Am 19. August 1949 meldete Hans Liebherr seine Erfindung als »Fahrbaren Turmdrehkran« mit dem Namen »TK 10« beim Deutschen Patentamt an: der Beginn einer beispielhaften Industriegeschichte aus Oberschwaben.

Eigentlich wollte Hans Liebherr ja Konditor werden. Aber der Stiefvater Johann Sailer (sein Vater, der Müller Wilhelm Liebherr, war kurz nach seiner Geburt im Ersten Weltkrieg gefallen) zwang ihn, in sein Baugeschäft einzusteigen. Nach Lehre und Gesellenprüfung übernahm er 1938 das Baugeschäft, wurde zur Wehrmacht eingezogen und als Pionier in Russland zweimal verwundet. Zurück im Geschäft, gründete er eine Familie und spürte bei den ersten Aufträgen, was ihm schon in den letzten Kriegsmonaten vor Augen stand: Es fehlte ein leicht montierbarer und preisgünstiger Kran, den man rasch von einer Baustelle zur anderen transportieren konnte. Hans Liebherr verfeinerte seine Ideenskizzen, ließ Zeichnungen anfertigen, konstruierte und baute. Im Jahr 1949 war der erste Liebherr-Turmdrehkran fertig und im eigenen Unternehmen erprobt. Der erstaunliche Aufstieg seines Industrieunternehmens konnte beginnen. Denn der Bedarf war tatsächlich riesig im zerstörten Deutschland: Das Gründungsjahr 1949 schloss Liebherr bereits mit einem Umsatz von 434 000 D-Mark ab.

Baukräne waren bis dahin klobige Ungetüme gewesen, die man am besten per Bahn transportierte. Nicht so Hans Liebherrs Erfindung, die sich zusammengeklappt an einen Lkw hängen ließ und schnell auf- und abgebaut war. Bereits ein Jahr später, 1950, erwirtschafteten dann 110 Mitarbeiter einen Umsatz von 2,2 Millionen D-Mark. Liebherr-Kräne wurden zum Synonym für den Nachkriegs-Bauboom; die filigranen gelben Kräne sah man überall. Mit sicherem Gespür für Märkte und Absatzchancen ließ Hans Liebherr den Kränen bald neue Produkte und Werke folgen: Hydraulik-Bagger in Kirchdorf, Kühlschränke in Ochsenhausen, Betonmischer in Bad Schussenried. 1956 wurde das neue Werk mit Hauptverwaltung in Biberach an der Riß errichtet. 1958, also im zehnten Jahr, erwirtschafteten bereits 2392 Mitarbeiter einen Jahresumsatz von 77 Millionen D-Mark.

Ab 1976 zog sich Hans Liebherr aus dem operativen Geschäft zurück und konzentrierte sich auf die strategische Unternehmensführung. Das Familienunternehmen wird bis heute in der zweiten Generation von den Geschwistern Isolde und Willi Liebherr geleitet. Als Hans Liebherr 1993 starb, beschäftigte das Unternehmen 15 000 Mitarbeiter in 46 Gesellschaften. Inzwischen zählt die Firmengruppe mehr als 39 000 Mitarbeiter in über 130 Gesellschaften. Aus der Idee des Turmdrehkrans ist ein Weltkonzern geworden.

Die Liebherr-Geschichte ist ein Paradebeispiel für die Wirtschaft Oberschwabens: Vor dem Zweiten Weltkrieg gab es wenig, danach war mit Erfinder- und Unternehmergeist alles möglich – und zwar ohne die Altlasten, wie sie ältere Familienunternehmen zu tragen hatten. Oberschwabens Wirtschaft blüht gerade dank solcher jungen, innovativen Unternehmer-Persönlichkeiten.

▲ Transportabel und leicht aufzubauen: Montage-Anleitung für einen Liebherr-Kran aus dem Jahr 1950. ▼ Hans Liebherr mit einem Mitarbeiter im selben Jahr.

1950

Zur Hopfenernte der Liebe wegen

Hopfen und Tettnang – das gehört zusammen wie Ravensburg und Spiele. Die Hopfenernte geschah früher in aufwendiger Handarbeit – und als Erntehelfer kamen in den Nachkriegsjahren junge Leute scharenweise aus ganz Süddeutschland in die Tettnanger Hopfengärten. Nicht nur des willkommenen Verdienstes wegen, sondern durchaus auch zur Ehe-Anbahnung.

Bis in das frühe 20. Jahrhundert war ganz Oberschwaben Hopfen-Anbaugebiet. Irgendwie musste man ja die vielen hundert Brauereien, die hier vor dem Ersten Weltkrieg boomten, mit dem natürlichen Aromastoff versorgen. Spuren davon findet man eher wenige, mit Ausnahme der Hopfendarre in Fulgenstadt, die heute noch als restaurierter Veranstaltungsraum vom Hopfenanbau in der Saulgauer Region kündet. Einzig in der Region Tettnang blühte der Hopfenanbau weiter; seit vielen Jahrzehnten ist Tettnanger Aromahopfen der beste der Welt und das Tettnanger Anbaugebiet das größte neben der bayerischen Hallertau.

Bis zum Einzug der Maschinenernte 1956 war Hopfenernte mühevolle Handarbeit. Viele tausend Hopfenbrocker waren erforderlich, um die Ernte termingerecht einzubringen. Faustregel: 25 Hilfskräfte über drei Wochen für einen Hektar Hopfen. Aus ganz Oberschwaben, dem Schwarzwald, dem Allgäu und aus Vorarlberg zog es die Menschen in die Tettnanger Region. Entsprechend war der Rummel in der Stadt und auf den Höfen. Unter jedem Dach wurden Quartiere eingerichtet. Frühmorgens ging es in die Hopfengärten, der Hopfengärtner (die Frauen nannten ihn »Hopfengickeler«) schüttelte die Reben von den Stangen, die Hopfenbrockerinnen saßen auf Hockern und pflückten die Dolden in ihre Körbchen. Oft mit einem »Ästlesbrocker« als Gesellschaft: einem jungen Burschen, der sich aus reiner Sympathie zu einer hübschen Hopfenbrockerin setzte und ihr bei der Arbeit half, indem er die Dolden von den Seitenästchen in ihren Korb pflückte. Bezahlt wurde er dafür allerdings nie mit Geld; darüber sind sich die ehemaligen Hopfenpflückerinnen einig. Ob er nun ein Küsschen bekam oder den sprichwörtlichen Korb – es ging lustig zu, und man sagt, dass manch eine Dame in den 50er-Jahren zur Hopfenernte nach Tettnang kam, um ihre große Liebe zu finden. Spätestens beim »Hopfenschmaus« dürfte es gefunkt haben: ZumErnteschluss wurde auf Einladung des Bauern gefeiert, gut gegessen, viel getrunken, laut gesungen und heiß getanzt. Hauptperson war die »Hopfensau«: Die Hopfenbrockerin wurde gefeiert, die am letzten Erntetag die letzte Rebe zugeteilt bekam und damit als Letzte fertig wurde.

Im Tettnanger Hopfenmuseum der Familie Locher erfährt man alles von den einstigen Methoden und Techniken des Hopfenanbaus bis zu den heutigen Verfahren. Bei den Führungen geht es zurück in die harte und fröhliche Zeit der »Handernte«, und im August und September erlebt man die Hopfenernte hautnah. Besonders beliebt: Das Familienprogramm mit Hopfenbrocken von Hand.

www.hopfengut.de

▲ Hübsche Mädchen und beste Laune bei der Hopfenernte um 1950.
▼ Tettnanger Hopfengärten: Arbeiten mit See- und Bergblick.

Des
Moores- und der Liebe-Wellen
HERZLICHE GRÜSSE VOM MOOR-HEILBAD

1950

Moorbäder locken Kurgäste

Wurzach gilt als ältestes Moorbad Baden-Württembergs: 1950 wurde dem Ort das Prädikat »Bad« zugesprochen. Damit brach in den Wirtschaftswunder-Jahren ein Kur-Boom in Oberschwaben aus: Auch Bad Schussenried, Bad Buchau und Bad Waldsee verwandelten sich in den 50er- und 60er-Jahren in schmucke Heilbäder. Man kam damals als Kurgast nicht nur des gesunden Heilmittels, sondern auch des lockeren Flairs wegen.

Es riecht erdig, es riecht würzig – und unwiderstehlich gesund. Eine Wanne voller flüssigem Moor – das ist Ganzkörper-Fango, wie man ihn nur in Oberschwaben erleben kann. Der Unterschied zum Fango: Statt »nur« Wärme wirken hier die Inhaltsstoffe, organisch gebundene Sulfat-Schwefel etwa und Huminsäuren. Moor ist ein Naturheilmittel und äußerst wohltuend für Herz und Kreislauf, Muskeln und Gelenke. Wer heute in Bad Wurzach oder Bad Waldsee in den Moorzuber steigt, tut dies meist nicht mehr »auf Krankenschein« wie noch die Eltern oder Großeltern: Man gönnt sich das Moor-Erlebnis heute als »Selbstzahler«.

Das war zu Boom-Zeiten ganz anders. In den Wirtschaftswunderjahren brach über die Kleinstädte Bad Buchau, Bad Wurzach, Bad Waldsee und Bad Schussenried ein wahrer Kur-Segen herein. Die Kurgäste kamen aus ganz Deutschland, blieben wochenlang. Kurkliniken wurden gebaut, Kurparks dazu. Minigolf und Wasserspiele, Kurkonzerte und die damals neuen Eisdielen: Verschlafene Kleinstädtchen erlebten plötzlich im Kleinen Glanz wie glamouröse Heilbäder. Kurpensionen schossen aus dem Boden, dazu Tanzcafés, Weinstuben und Konditoreien: »Morgens Fango, abends Tango« war das Klischee, der amouröse »Kurschatten« inklusive.

Pionier war damals das kleine waldburgische Residenzstädtchen Wurzach. Schon im Dritten Reich hatte man die Heilkraft des erdigen Moorprodukts entdeckt. In Wurzach wurde 1936 der Kurbetrieb aufgenommen. Das Wurzacher Ried, das Federseeried und weitere Moorgebiete, bisher nur als Naturwunder, zum Torfstechen und als Viehweide brauchbar, lieferten plötzlich das neue »oberschwäbische Gold«. Das erste Moorbad wurde 1950 in Waldsee eröffnet, 1956 gab es dafür das Prädikat Moorheilbad. 1963 folgte »Bad« Buchau. Ab 1966 durfte Schussenried das »Bad« im Namen tragen.

Der Kur-Boom war Wirtschaftsfaktor und belebte den Arbeitsmarkt: Ärzte und Bademeister, Masseure, Rezeptionisten, Gärtner, Köche und Servicepersonal wurden benötigt. Restaurants und Ausflugslokale, Blumenhändler, Buchläden, Postkarten- und Souvenirhändler lebten gut »von den Kurgästen«, wie man hier sagte. Wer in den Gründerjahren kein Moor hatte, lockte mit Kneipp. Aulendorf etwa begann einst als Kneipp-Kurort, hat zwar mangels ortsgebundenem Heilmittel keinen Bad-Titel, aber das Prädikat Heilbad.

Spätestens 1997 drehte sich der Wind. Die Kassen verschrieben keine Moorheilkuren mehr. Manche Orte traf es vorbereitet, andere weniger: In Bad Schussenried machte 2007 die letzte von vier Kurkliniken dicht. Bad Buchau, Bad Waldsee und Bad Wurzach dagegen schafften es, sich als moderne Gesundheitsstandorte zu etablieren. Und die Moorbadkuren erleben heute dort sogar eine erstaunliche Renaissance.

www.schwaebische-baederstrasse.de

▲ Moorbad im Holzzuber in Bad Waldsee um 1960. ▼ Flotte Zeiten: Grußpostkarte aus dem Moorbad Schussenried, um 1960.

1957

Erwin Hymer macht Urlaub mobil

Der Wohnwagen ist eine Erfindung aus Oberschwaben. Das erste »Wohnauto« hat Arist Dethleffs schon 1931 in Isny gebaut; richtig serienreif wurde der Caravan aber durch Erwin Hymer und seinen Freund Erich Bachem. Beide waren erfahrene Flugzeug-Konstrukteure und ihr »Eriba Touring« lieferte in den 1950er-Jahren die Basis für den Camping- und Reiseboom der Wirtschaftswunderjahre.

Was zieht uns hinaus in die Welt? Es sind unsere Sehnsüchte, die Neugierde auf fremde Orte, die Lust auf Erholung und auf Abenteuer. Die Alpen-Begeisterung der Luis-Trenker-Ära machte schon in den 1930er-Jahren die ersten Wohnwagen populär: Es waren leichte Sperrholz-Modelle, entwickelt aus Dethleffs' Prototyp, nicht mehr als ein Bett und ein paar Schränkchen drin, mit denen die »Auto-Vagabunden« in die Berge zogen. Mehr durfte es auch nicht sein als das, was man mit 28 PS den Alpenpass hochziehen konnte.

Doch das war Erwin Hymer und Erich Bachem nicht genug. Sie reisten beide gern, hätten gerne etwas mehr Komfort gehabt (ihre Frauen sowieso). Waren die alten Sperrholz-Caravans noch am Yacht-Innenausbau orientiert, brachten Hymer und Bachem als Konstrukteure im Flugzeugwerk von Claude Dornier die Metallbau-Technik aus dem Flugzeugbau dazu. 1957 gründeten sie die Vertriebsfirma »Eriba« und entwickelten den Prototyp eines neuartigen Caravans. Der »Eriba Touring« bekam eine strapazierfähige Aluminium-Außenhaut, vom Flugzeugbau inspirierte Plexiglas-Ausstellfenster und komfortable Stehhöhe. Dazu eine kleine Küche mit Wasserpumpe und Propangas-Herd – und sogar eine Toilette.

Leicht, schick und komfortabel: Die Eriba-Modelle wurden zu Verkaufsschlagern und beschleunigten den Camping-Boom enorm. Auf ging es nach »Bella Italia«, ins Sehnsuchtsland der 50er- und 60er-Jahre. Viele weitere Modelle in allen Größen und Preisklassen sollten folgen: Puck, Faun, Troll, Familia, Triton ... 1961 entwickelte Erwin Hymer (Bachem war im März 1960 gestorben) zusammen mit Borgward ein erstes Wohnmobil. 1966 führte Hymer die Erfolgsreihe »Eriba Nova« ein. 1971 folgte das erste serienreife Reisemobil.

Die »Eriba Touring«-Modelle werden übrigens bis heute gebaut (mittlerweile mit Ausstelldach) und erfreuen sich einer weltweiten Fan-Gemeinde. Heute zählt die Erwin-Hymer-Group viele Marken in ihrem Portfolio, darunter auch Dethleffs in Isny. Oberschwaben ist generell Caravan-Land geworden; auch die Camping-Ausrüster Movera und Berger sitzen hier. Ein weiteres Stück oberschwäbischer Caravan-Geschichte schrieb Karl-Heinz Schuler, der ab 1979 in Ravensburg begann, VW-Busse unter der Marke »Carthago« auszubauen. Heute baut »Carthago« Reisemobile der Luxusklasse; seit 2013 im neuen Werk »Carthago City« in Aulendorf.

Erwin Hymer starb 2013 im Alter von 82 Jahren. Die Erwin-Hymer-Stiftung betreibt seit 2011 das Erwin-Hymer-Museum in Bad Waldsee, in dem es seine Caravan-Sammlung und die gesamte Welt des mobilen Reisens zu sehen gibt.

www.erwin-hymer-museum.de

▲ Mit dem Touring ins Grüne: Hymer-Prospekt aus den frühen 1960er-Jahren.
▼ Erwin Hymer im Jahr 2011 vor dem »Ur-Troll« von 1957.

AHRSICHERHEIT
ND
OHNBEHAGEN
Reiseanhänger
ERIBA

1963

Literatur-Stars in der Kleber-Post

Vor sechs Jahrzehnten wurde Saulgau zum glanzvollen Zentrum der deutschen Nachkriegs-Literatur. Schriftsteller und Literaturkritiker der »Gruppe 47« mit Ingeborg Bachmann, Hans Magnus Enzensberger, Günter Grass und Heinrich Böll wählten die Kleber-Post zu ihrem Tagungsort. Hier lasen sie aus ihren Texten, zerpflückten sie gegenseitig und schlossen bei einem Glas Wein und gutem Essen wieder Frieden miteinander.

Das Kurstädtchen Bad Saulgau mag außerhalb Oberschwabens nicht jedem ein Begriff sein. Erwähnt man es jedoch im Zusammenhang mit dem Hotel Kleber-Post, so klingelt's vor allem bei den Literaturkennern. Legendär ist die Zusammenkunft der »Gruppe 47« vom 25. bis 27. Oktober 1963 unter der Leitung von Hans Werner Richter.

Es wird erzählt, das Treffen der Literaten habe das Städtchen in Aufregung versetzt: Man solle die Kommunistenbande vertreiben, schimpften die einen. Vom »Schriftsteller-Olymp« und »erlauchten Kreis« schwärmten die anderen. »Die Kerle haben die Rechnung nie ganz bezahlt«, lästerte ein ehemaliger Landrat. Aber warum Saulgau? Das hatte keine literarischen, sondern ausschließlich kulinarische Gründe. Hans Werner Richter gab einst auf die Frage, warum er nach Saulgau gekommen sei, eine klare Antwort: »Das Essen und die Atmosphäre in der Kleber-Post.« Dort speiste, wer Station in Oberschwaben machte. Bis zum Jahr 2000 war Gerhard Schröder der einzige deutsche Bundeskanzler, der hier nie zu Gast war. Auch der Schriftsteller Ernst Jünger gehörte zu den Stammgästen. Hierher führte er seine Verehrer aus der ganzen Welt aus, in der Kleber-Post feierte er 1995 seinen 100. Geburtstag, zu dem sogar Bundeskanzler Helmut Kohl erschien.

Auch an anderen Orten Oberschwabens tagte die Gruppe 47: 1947 in Herrlingen bei Ulm, 1950 in Inzigkofen. 1958 las Günter Grass in Großholzleute bei Isny das erste Kapitel seines noch unveröffentlichten Romans »Die Blechtrommel«. Die Lesung machte den bis dahin unbekannten Autor schlagartig berühmt. Ein letztes Treffen der Gruppe fand 1977 zum 30. Jahrestag der Gründung im Hotel Kleber-Post statt.

Die Räume gibt's nicht mehr: Die alte Kleber-Post mit dem legendären »Barocksaal« ist Geschichte und lebt nun samt Feinschmecker-Restaurant in einem Vier-Sterne-Neubau weiter. Dort hält man das kulturelle Erbe hoch: In der hoteleigenen »Bar 47« – eine Reminiszenz an den Literatenklub – zeugen noch Schwarz-Weiß-Fotos des legendären Pressefotografen Rupert Leser von den elitären Besuchern: Marcel Reich-Ranicki in feuriger Diskussion mit Günter Grass, Uwe Johnson in einen Text vertieft, Hans Magnus Enzensberger im Gespräch mit Walter Jens.

www.kleberpost.de

▲ Peter Härtling, Peter Bichsel und Günter Grass diskutieren in der Kleber-Post.
▼ Suhrkamp-Verleger Siegfried Unseld, links Schriftsteller Tadeusz Nowakowski.

1966

Barockstraße bringt Touristen

Die »Oberschwäbische Barockstraße« schlug 1966 ein neues Kapitel im »Fremdenverkehr« auf – wie es damals noch hieß. Württembergs erste Tourismus-Straße warb mit dem kulturellen Erbe der Feudal- und Klosterzeit. Und davon hat Oberschwaben eine Menge zu bieten. Kultur-Touristen, jetzt gerne motorisiert, entdeckten das Land zwischen Alb und Bodensee und brachten den modernen Tourismus in die Region.

Rund 860 Kilometer ist sie lang und in vier Routen mit 55 Stationen untergliedert. Und viel ist passiert, seit am 18. Juni 1966 auf Schloss Wolfegg die »Oberschwäbische Barockstraße« feierlich eröffnet wurde. Begonnen hatte zuvor alles an einem Wirtshaustisch: Wie, so fragten sich Landräte und »Kurdirektoren«, sollte man die kulturaffinen Menschen in die Region bringen? Und in die Gasthäuser und »Fremdenzimmer«? Immer mehr Touristen bevorzugten das eigene Auto, und Vorbilder gab es ja bereits. Die »Romantische Straße« (1950) etwa oder die »Badische Weinstraße« (1954). Damals war Oberschwaben, von den Moorheilbädern abgesehen, touristisches Entwicklungsland. Manche Orte lagen bis zu 100 Kilometer von der nächsten Autobahn entfernt. Und waren doch so reich an kunstvollen Schätzen. Bislang hatten diese höchstens ein paar Kunsthistoriker interessiert. Doch nach dem Krieg zog es die Menschen aufs Land, hier waren die historischen Bauwerke erhalten geblieben und konnten neu entdeckt werden.

Seitdem zeigt die Putte an den Straßen, wo es langgeht. Der neckische Wegweiser führt zu den größten barocken Sehenswürdigkeiten in Oberschwaben, im Allgäu, am Bodensee und an der oberen Donau, sogar bis nach Vorarlberg und in die Ostschweiz. Ein Geheimnis des Erfolgs der Straße: Man muss kein Kunstkenner, Historiker oder Theologe sein, um sich für Barock zu begeistern. Jeder, der Sinn für Schönheit, Genuss und Fülle hat, wird hier tausendfach fündig. »Wenn es die Barockstraße nicht gäbe, müsste sie erfunden werden«, scherzte Josef Günthör, einer ihrer geistigen Väter, bei einem Zeitungsinterview zum 25-jährigen Bestehen.

Der oberschwäbische Barock ist aber auch ein Phänomen. In den 150 Jahren zwischen Dreißigjährigem Krieg und Napoleon entstand in Oberschwaben eine Welt durch ein Kunstschaffen, das die Region bis heute prägt. Der Krieg hatte bis 1648 vieles zerstört. Aus dem nahen Vorarlberg kamen die Baudynastien um Peter Thumb, Franz Beer und Michael Kuen, die in der »Auer Zunft« zusammengeschlossen waren, um neue Kirchen und Schlösser zu bauen und stilistisch zu gestalten. Herrliche Kirchen, Kapellen und Klöster entstanden. Geld war da und man wollte zeigen, dass der Katholizismus obsiegt hatte. Der Barock als »Propagandastil der Gegenreformation« erreichte Oberschwaben erst in seiner Spätphase – genau genommen sind wir also häufiger auf einer Rokoko- als auf einer Barockstraße unterwegs. Das gilt auch für die 13 Schlösser an der Barockstraße, darunter Schmuckstücke wie Meersburg, Tettnang und Kisslegg.

Viele der 55 Attraktionen sind heute in der Verwaltung der Staatlichen Schlösser und Gärten Baden-Württemberg. Die Vermarktung geht weit über die obligatorischen Führungen hinaus: Die Oberschwäbische Barockstraße ist ein Gesamterlebnis mit Events und Kulinarik, Kinderprogramm, Wohnmobil- und Fahrradrouten.

www.himmelreich-des-barock.de

Der Engel zeigt, wo's langgeht: Barocker Putto in der Klosterkirche St. Verena in Rot an der Rot.

1978

Grachmusikoff macht Schwabenrock

Man nennt Grachmusikoff heute noch die »beste schwäbische Rockband Deutschlands«, sie selber nannten sich die »älteste Boygroup der Welt«: Was 1978 um die Köberlein-Zwillinge und Hansi Fink aus Bad Schussenried entstanden ist, hat heute im Schwabenland Legenden-Status. Aus dem Grachmusikoff-Kult entstanden Bands wie Schwoißfuaß, Pomm Fritz und Gsälzbär.

Dabei begann die Grachmusikoff-Story ganz klein. Alexander und Georg Köberlein, als Reutlinger PH-Studenten vorher schon mit Saxofon und Posaune als Straßenmusiker unterwegs, marschierten im Sommer 1978 bei der Demo gegen die Schließung des selbstverwalteten Bad Schussenrieder Jugendzentrums musizierend vorneweg. Mit dabei: Hansi Fink an der Ziehorgel, Köberleins alter Kumpel aus Schussenrieder Jugendfußball-Zeiten. Nach der Demo spielte das Trio open air vor dem Jugendzentrum. Georg Köberlein griff dabei zur Gitarre und verblüffte alle mit einer selbstgetexteten Ballade. Man sagt, Georg Köberleins schwäbische Vertonung von »Mariechen saß weinend im Garten« alias »D'Marie hockt dussa ond bläret« sei damals der erste echte Grachmusikoff-Song gewesen. Es folgten Georgs »Drecklacha-Blues« und ein paar schwäbische Lieder von Alex mit Gitarren und Bongos, dazu die Straßenmusik-Polkas – und fertig war der legendäre Grachmusikoff-Mix. Der Name »Igor, Boris & Nikita Grachmusikoff« kommt auch nicht von ungefähr: Alle drei Gründungsmitglieder stammen aus wolgadeutschen und donauschwäbischen Flüchtlingsfamilien.

Mit ihrem Stil trafen Grachmusikoff den Geschmack der späten Siebziger. Es war die Zeit von »Zupfgeigenhansel«, der Irish Folk Bands, der Festivals und der Liedermacher, besonders der schwäbischen: Thommie Bayer, Werner Dannemann, Wolle Kriwanek. Hier glänzten Grachmusikoff mit stilistisch vielseitiger Unterhaltung. Drei Musiker spielten zehn Instrumente und konnten einigermaßen dazu singen. Mit ihren emotional eindringlichen Texten wurden die Jugendlichen auf eine bis dahin nicht gekannte Art angesprochen und bewegt.

Es folgten einige LPs, darunter die berühmte »Elektroschogg«-Platte, und der Wunsch Alex Köberleins, die bis dahin eher minimalistischen Grachmusikoff-Songs mal mit Rockband auszuprobieren. So entstand bereits 1979 die Reutlinger Band »Schwoißfuaß«, die eine der gnadenlosesten Erfolgsgeschichten der schwäbischen Rockgeschichte schreiben sollte. Gleichzeitig rüstete auch Grachmusikoff mit Schlagzeug und Bass zur vollwertigen Rockband auf. Mit der 1986 erschienenen LP »Dame oder Schwein«, die ungewohnt hochdeutsch geprägt war, konnte sich die Kapelle auch bundesweit präsentieren. Doch trotz Fernsehauftritten und Plattendeals erreichten Grachmusikoff nicht ganz das, was sie sich erhofft hatten: sich neben »Haindling«, »Bläck Fööss«, »BAP« und »Erste Allgemeine Verunsicherung« als schwäbische Variante des angesagten Dialekt-Rocks auf dem gesamtdeutschen Markt zu platzieren. Mit der Veröffentlichung von »Im Musikantenstadl« war die Band im Jahr 1990 auf ihrem Höhepunkt. Ausverkaufte Hallen und Festzelte wurden zur Normalität. Schade, dass sie kurz vor ihrem 40-jährigen Bandjubiläum aufgehört haben. Mit einem Abschiedskonzert am 28. Dezember 2017 im Sudhaus in Tübingen beendete die Band ihre Tätigkeit aus Altersgründen.

www.grachmusikoff.de

Das erste Bandfoto von 1978: Grachmusikoff, alias Hansi Fink, Alex und Georg Köberlein.

1984

Baden in Thermalwasser

Sechs Thermalbäder in nur 30 Kilometer Umkreis: Oberschwaben gilt als Thermen-Paradies. Dabei begann es als Notlösung in der Kurkrise. Die ersten Bohrungen wurden noch als Spinnereien betrachtet. Doch als 1984 die ersten Thermen in Saulgau, Bad Buchau und Jordanbad eröffneten, war klar: Oberschwaben steht vor einem völlig neuen Wellness-Boom.

Ein Bürgermeister springt in Anzug und Krawatte ins Thermalwasser: Was Rudolf Forcher 1991 in Bad Waldsee vollführte, war mehr als ein Freudensprung. »Die Krise im Reha-Wesen hatte sich Anfang der 1990er-Jahre abgezeichnet und wir mussten unser Heilbad aufrüsten mit einer modernen Thermalbadelandschaft – das haben uns die Versicherungsträger deutlich signalisiert«, erinnert er sich. Ab 1985 wurde gebohrt; erst die zweite Bohrung war 1991 erfolgreich. »Wir standen unter großem Druck, ob das klappt oder nicht. Aber ohne diese 56-Millionen-D-Mark-Investition, die uns die geforderten ›Aktiv-Therapien‹ in der Reha ermöglichte, würde Bad Waldsee heute nicht so gut dastehen im Ranking der Bäderstandorte«, erläutert Forcher die Bedeutung der Thermalbäder für Oberschwabens Kurlandschaft..

Andere waren noch schneller gewesen: 1984 eröffnete die Adelindis-Therme in Bad Buchau. Und ausgerechnet ein Newcomer hatte es den etablierten Moorbädern vorgemacht: In Saulgau setzte man schon einige Jahre früher den Bohrer an. Auch wenn der damalige Saulgauer Bürgermeister Günter Strigl nicht ins Wasser sprang, aus seinem hartnäckigen Vorhaben entstand Oberschwabens jüngster Kurort, der seit dem 1. Januar 2000 Bad Saulgau heißt. Die Anfänge waren noch klein, aber legendär: Dem ersten Zuber beim Bohrturm folgte bald ein ordentlicher Holz-Pool, die Saulgauer Firma Platz-Haus stellte zum »Provisorium« ein Holzhaus mit Umkleiden und Toiletten hin. Die 1984 eröffnete Sonnenhof-Therme sollte dann Maßstäbe setzen: mit Innen- und Außenbecken, Thermerestaurant und Anwendungsbereichen. Zeitgleich öffnete das neue Thermalbad im Jordanbad bei Biberach seine Pforten. Die Schwaben-Therme Aulendorf wurde 1994 eröffnet, nachdem man wenige Jahre zuvor an der Gemarkungsgrenze zu Bad Schussenried erfolgreich nach Thermalwasser gebohrt hatte. Bad Wurzach, Oberschwabens ältestes Moorheilbad, zog als letztes mit der kleinen, aber feinen Vitalium-Therme nach.

Der zweite Wellness-Frühling der Moorbad-Landschaft Oberschwaben bleibt dank Thermalwasser in voller Blüte. Alle sechs Thermalbäder haben mittlerweile große Saunalandschaften dazugebaut und sind mit ihrem Wellness-Angebot zum bedeutenden Tourismusfaktor in Oberschwaben geworden. Die Gäste kommen bis aus Stuttgart und der Schweiz; Wohnmobilisten aus ganz Deutschland machen wegen der Thermen in Oberschwaben Station. Der Unterschied zu den Thermen am Bodensee: Das Wasser ist wärmer und in den Bädern geht es vergleichsweise familiärer zu.

www.schwaebische-baederstrasse.de

▲ Vor dem Bau der Sonnenhof-Therme badeten die Saulgauer 1984 im »Provisorium«. ▼ Bad Waldsees Bürgermeister Rudolf Forcher springt 1991 in voller Montur ins Thermalwasser.

1988

Technik-Oscar für Willi Burth

Ein Tüftler und Kinochef aus Oberschwaben sorgte in Hollywood für eine Sensation: Sein »Burth'scher Teller« revolutionierte die Vorführungstechnik. Ohne ihn wären die heutigen Multiplex-Kinos nicht denkbar gewesen. Für sein Patent aus dem Jahr 1969 und weitere Erfindungen bekam der gebürtige Saulgauer Willi Burth im Jahr 1988 den »Technik-Oscar« verliehen.

Kein Zurückspulen mehr: Willi Burths »No-Rewind-Filmteller« war 1969 eine Sensation. Damit konnte man Filme vorführen, ohne dass der Vorführer zwischen den Filmen zu viel Aufwand hatte. Jeder Film wurde von innen heraus abgespult, über Umlenkrollen projiziert und auf dem Teller darunter wieder »richtig herum« aufgespult, bereit für die nächste Vorführung. Willi Burth, damals schon 65 Jahre alt, fand im bayerischen Filmtechnik-Hersteller Kinoton einen Vertrieb und der »No-Rewind-Teller« ging um die Welt – so wie der Name Willi Burth.

Er war ein ruheloser Tüftler. Als findiger Unternehmer befasste er sich vor allem mit der Verbesserung der gängigen Projektionstechnik. Unter seiner gesamten Kinofläche in Ravensburg hatte er im Keller eine gigantische Werkstatt mit allen Maschinen, die ein Erfinder so braucht. Das Kino und seine Technik lagen ihm im Blut: 1904 in Saulgau geboren, erlebte Willi Burth bereits mit 10 Jahren die ersten Kinovorführungen in seiner Heimatstadt und machte sich mit 19 Jahren mit einem eigenen Filmprojektor selbstständig. 1930 baute er zusammen mit seinem Bruder Alfons Burth das Oberland-Theater in der Saulgauer Kaiserstraße. 1956 kam ein zweites Kino in der Poststraße dazu. 1933 zog es Willi Burth nach Ravensburg. Dort hatte er bereits in der Jugend eine kaufmännische Ausbildung in einem Textilgeschäft am Marienplatz gemacht. 1934 eröffnete er sein erstes kleines Kino in der Bachstraße. 1938 folgte das Burgtheater am südlichen Marienplatz und 1953 das Kinozentrum Frauentor in Ravensburg, mit 900 Plätzen damals das größte Kino Oberschwabens.

Willi Burth war ein wahrer Kinopionier, der für seine technischen Entwicklungen mehrfach ausgezeichnet wurde. Für seinen »No-Rewind-Filmteller« erhielt Burth 1988 den auch als »Technik-Oscar« bekannten »Scientific and Engineering Award« der Academy of Motion Picture Arts and Sciences. Darüber hinaus wurde er 1989 mit dem Bundesverdienstkreuz und 1998 mit der »Goldenen Leinwand« des Hauptverbands Deutscher Filmtheater ausgezeichnet. Seine Erfindung schuf die Kinolandschaft, wie wir sie heute kennen: Der »Burth'sche Teller« ermöglichte, dass ein Vorführer mehrere Kinosäle gleichzeitig bedienen konnte, und bot damit die Voraussetzung für das Entstehen von »Schachtelkinos« und Multiplex-Kinos.

2001 starb Willi Burth in Ravensburg. 2004 eröffnete sein Sohn Axel Burth im Ravensburger Burgtheater (inzwischen Kinozentrum »Die Burg«) eine Dauerausstellung zu Leben und Werk des oberschwäbischen Filmpioniers. Auch seine Heimatstadt hält ihn in Ehren: Das Stadtmuseum Bad Saulgau zeigt eine eigene Abteilung über Burths Leben und Werk. Und die Gewerbliche Schule Bad Saulgau heißt seit 2013 Willi-Burth-Schule. Das Kino Bad Saulgau, das Kinocenter am Frauentor und Die Burg in Ravensburg sind bis heute im Besitz der Familie Burth.

www.cineparc.de/willi_burth_museum

Abspulen von innen: der Burth'sche Teller als Modell im Willi-Burth-Museum Ravensburg.

2005

Störche als Kunstaktion

Die Storchenparade Donau-Oberschwaben war im Jahr 2005 mehr als eine Hommage an das inoffizielle Wappentier der Region. Fünf ehemals zu Österreich gehörende Städte taten sich zusammen und setzten mit 172 von örtlichen Künstlern bemalten Störchen ein buntes Zeichen für die besondere Kultur und Natur, die Heimatliebe und den Zusammenhalt in Oberschwaben.

Es war da zwei Jahrhunderte her: Bis zur Mediatisierung 1806 hatten Saulgau, Waldsee (beide damals noch ohne »Bad«), Mengen, Riedlingen und Munderkingen zu Habsburg gehört. Ihre zuständige Landeshauptstadt war nicht Stuttgart, sondern Innsbruck. Die fünf »Vorderösterreichischen Donaustädte« teilten dieses Schicksal seit dem 14. Jahrhundert. Manche waren direkt den Ämtern in Wien unterstellt, mache waren an örtliche Fürstenhäuser verpfändet - was auch nicht immer lustig war.

Der Storch wiederum ist in Oberschwaben allgegenwärtig. Hunderte von Paaren klappern und brüten hier. Kaum ein Dorf ohne Störche auf dem Kirchturm. Kaum ein Traktor mit Mähwerk, hinter dem nicht mindestens ein halbes Dutzend Störche herstolziert. Den vielen Flusstälern und Mooren sei Dank - und den Naturschützern, die mit Renaturierungsmaßnahmen wie in den Donauauen wieder dafür sorgten, dass die Adebare hier einen reich gedeckten Tisch finden.

Die Idee zur Storchenparade hatte der Riedlinger Arzt und Naturschützer Dr. Joachim Kieferle. Die Umsetzung übernahm der Ulmer Kulturmanager Ralf Milde, der 2001 bereits die Ulmer »Spatzeninvasion« ins Leben gerufen hatte. Der Erfolg überraschte alle Beteiligten: Von 200 geplanten Störchen fanden 172 Paten, die ihre Gestaltung finanzierten. Privatleute, Städte, Institutionen, Firmen und Vereine ließen sich »ihren« Storch gestalten. Da stand ein Eurostorch vor der Bank, ein Bachusstorch vor der Weinhandlung, ein Badestorch mit Schwimmring vor der Therme, ein Römerstorch »Gaius Adebarus« vor dem Museum, der Gesundheitsstorch »Physio« vor der Massagepraxis. Die Bürgermeister erhofften sich durch diese Aktion über vier Landkreise hinweg eine nachhaltige Zusammenarbeit in Sachen Tourismus und Wirtschaft. Für den überregionalen Marketing-Erfolg sorgte schließlich die Bad Waldseer Agentur »Netzwerk Oberschwaben«.

Allein in Bad Waldsee zierten 42 bunte Adebare die Fußgängerzone und Anlagen. Jeder 2,20 Meter hoch, von Künstlerhand individuell gestaltet. Kurz darauf folgten die »Storchenanflüge« in Mengen, Riedlingen, Bad Saulgau und Munderkingen. Das waren richtige Events, mit Bürgermeister-Ansprachen, Musik, Aktionen und wie in Munderkingen sogar einem richtigen Storchen-Umzug. Mit der Storchenparade wurde auch touristisch für die Region Oberschwaben geworben. Auf der CMT-Messe in Stuttgart etwa oder beim SWR-Sommerfest im Ludwigsburger Schlosspark, der nur so von bunten Störchen wimmelte.

Die Storchenparade wurde über den Sommer 2005 thematisch komplett in den Veranstaltungskalender der Städte einbezogen. Die Bäcker kreierten die »Storzel«, ein Laugengebäck in Storchenform. Im Oktober wurden die Störche versteigert; der Erlös kam Bürgerprojekten in den teilnehmenden Städten zugute. Nicht wenige Firmen ersteigerten ihre gesponserten Störche selbst und gaben ihnen stolz eine dauerhafte Heimat. So kann man heute, wenn man durch die fünf ehemals vorderösterreichischen Donaustädte fährt, noch so manchen bunten Vogel entdecken.

Kunstvoller Auftritt: »Mr. Erpel« aus Bad Saulgau und der »Wasserstorch« aus Mengen.

NH-30
EUROLITE

Oertel+Spörer
THOMAS KAPFEL TRAUMZIELE OBERSCHWABEN
Wehling (Hrsg.) Oberschwaben
VIOLA KRAUSS NICHT WEIT VOM GROSSEN SEE
Auf Tuchfühlung
Kaftan, Kreuz und Kopftuch
Gebhard Spahr Oberschwäbische Barockstraße I Ulm bis Tettnang
Boehncke Sarkowicz
Im wilden Südwesten
Eichborn.
Martin Blümcke Schlösser in Oberschwaben
Ferdinand Kramer – Der Bussen
GMEINER KULTUR
EDWIN ERNST WEBER (Hrsg.) Die Vor- und Frühgeschichte im Landkreis Sigmaringen
FEDERSEE-VERLAG
HANS GEORG KIMMELE
OBIERSCHWABEN
BIERGESCHICHTE(N) AUS OBERSCHWABEN
Ostrach 1799
Geschichten und Bilder aus der Kleber Post
Michael Barczyk ESSEN UND TRINKEN IM BAROCK
OBERSCHWABEN
Donau-Oberschwaben Storchenparade 05
Der Bauernkrieg in Oberschwaben
AUSSTELLUNGS-KATALOG
ALTE KLÖSTER
NEUE HERREN
Oberschwaben von der Frühen Neuzeit bis zur Gegenwart 1
Adel im Wandel
Lust auf Barock – Himmel trifft Erde in Oberschwaben
Nikola Hild • Katharina Hild Schloss Sigmaringen
Oskar Zerlacher · Die Oberschwäbische Barockstraße
DLG-Verlag
Matthias Metzler
Die große
Chronik
Geschichte Oberschwabens
im 19. und 20. Jahrhundert
PETER EITEL
4.000 JAHRE PFAHLBAUTEN

Literaturhinweise

Archäologisches Landesmuseum und Landesamt für Denkmalpflege Baden-Württemberg (Hrsg.): 4000 Jahre Pfahlbauten, Thorbecke-Verlag Ostfildern 2016

Barczyk, Michael: Essen und Trinken im Barock – Oberschwäbische Leibspeisen, Silberburg-Verlag Tübingen 2009

Blümcke, Martin und Aßfalg, Winfried (Fotos): Schlösser in Oberschwaben – Geschichte und Geschichten, Silberburg-Verlag Tübingen 2008

Boehncke, Heiner und Sarkowicz, Hans: Im wilden Südwesten – Räuberbanden zwischen Neckar und Bodensee, Eichborn-Verlag Frankfurt am Main 1995

Dürrson, Werner und Horlacher, Peter: Oberschwaben: Behüt' dich Gott, schöne Gegend, Stadler-Verlag Konstanz 1994

Eitel, Peter: Geschichte Oberschwabens im 19. und 20. Jahrhundert, Band 1, Thorbecke-Verlag Ostfildern 2010

Hengerer, Mark und Kuhn, Elmar (Hrsg.): Adel im Wandel – Oberschwaben von der frühen Neuzeit bis zur Gegenwart, Band 1, Thorbecke-Verlag Ostfildern 2006

Hild, Nikola und Katharina: Schloss Sigmaringen, Silberburg-Verlag Tübingen 2008

Himmelein, Volker u. a. (Hrsg.): Alte Klöster – Neue Herren: Die Säkularisation im deutschen Südwesten 1803, Band 1–3, Thorbecke-Verlag Ostfildern 2003

Kapitel, Thomas, Dahinten, Gunther und Riedel, Johannes: Profile Oberschwaben, Biberacher Verlagsdruckerei 2004

Kapitel, Thomas: Traumziele Oberschwaben – 101 Highlights zum Entdecken und Genießen, Verlag Oertel & Spörer Reutlingen 2018

Kasper, Alfons: Kunstwanderungen im Herzen Oberschwabens, Bd. 1–7, Verlag Dr. Alfons Kasper, Schussenried 1963 ff.

Kramer, Ferdinand: Der Bussen, heiliger Berg Oberschwabens, Federsee-Verlag Bad Buchau 2005

Krauss, Viola: Nicht weit vom großen See – Wegspuren und Lebenswege oberschwäbischer Frauen, Silberburg-Verlag Tübingen 2015

Kuhn, Elmar und Blickle, Peter: Der Bauernkrieg in Oberschwaben, BAV Tübingen 2000

Mayenberger, Charlotte: Moritz Vierfelder – Leben und Schicksal eines Buchauer Juden, Federsee-Verlag Bad Buchau 2000

Metzler, Matthias: Die große Bautz Chronik, DLG-Verlag Frankfurt am Main 2004

Milde, Ralf und Vogel, Thomas: Storchenparade 05 Donau-Oberschwaben, Ulm 2005

Rimmele, Hans Georg: OBierSchwaben – Biergeschichten aus Oberschwaben, Federsee-Verlag Bad Buchau 1999

Rudolph, Susanne: Ach, da sag ich einfach Hohheit: Geschichten und Bilder aus der Kleber Post, Hotel Kleber Post Immobilien GmbH Bad Saulgau 2020

Schmauder, Andreas u. a. (Hrsg.): Kaftan, Kreuz und Kopftuch, Stadt in der Geschichte Band 35, Thorbecke Verlag Ostfildern 2010

Schussen, Wilhelm: Zwischen Donau und Bodensee – Ein Buch aus Oberschwaben, Tübingen 1924

Spahr, Gebhard: Oberschwäbische Barockstraße, Band 1 Ulm bis Tettnang, Verlag Isa Beerbaum, Biberacher Verlagsdruckerei 1977

Spohr, Marc: Auf Tuchfühlung – 1000 Jahre Textilgeschichte in Ravensburg und am Bodensee, UVK Konstanz und München 2013

Thierer, Manfred (Hrsg.): Lust auf Barock – Himmel trifft Erde in Oberschwaben, Kunstverlag Josef Fink Lindenberg 2002

Weber, Edwin Ernst (Hrsg.): Ostrach 1799 – Die Schlacht, der Ort, das Gedenken, Gemeinde Ostrach 1999

Weber, Edwin Ernst (Hrsg.): Die Vor- und Frühgeschichte im Landkreis Sigmaringen, Gmeiner-Verlag Meßkirch 2016

Wehling, Hans-Georg (Hrsg.): Oberschwaben, Landeszentrale für politische Bildung Stuttgart 1995

VITA

Thomas Kapitel ist ein erfahrener Journalist und ausgewiesener Kenner seiner Heimat Oberschwaben. Er ist in Bad Schussenried aufgewachsen, hat in Biberach Abitur gemacht, in Tübingen und London Literatur und Linguistik studiert und war viele Jahre als leitender Zeitungsredakteur in Bad Saulgau und Ravensburg aktiv. Seit 2003 leitet er sein eigenes Presse- und PR-Büro, lebt und arbeitet in Friedrichshafen.

IMPRESSUM

In diesem Buch wird aus Gründen der besseren Lesbarkeit das generische Maskulinum verwendet. Weibliche und anderweitige Geschlechteridentitäten werden dabei ausdrücklich mitgemeint, soweit es für die Aussage erforderlich ist.

2. Auflage 2023

Umschlaggestaltung: Björn Locke, Nürtingen.

Satz und Layout: Silke Schüler, München.
Lektorat: Matthias Kunstmann, Karlsruhe.

Printed in Poland by CGS Printing.

ISBN 978-3-8425-2361-6

BILDNACHWEIS

4real photography, Silke Monk: S. 34; Campus Galli, Ulrike Ehinger: S. 30; Federsee-Museum Bad Buchau: S. 13, 17; Thomas Freidank: S. 90 unten; Haus der Geschichte Baden-Württemberg, Sammlung Rupert Leser: S. 106, 113 unten; Heimatmuseum Sigmaringen: S. 14; Hopfengut No. 20: S. 101; Hymer GmbH: S. 105 oben; Reinhard Jakubek: S. 33; Thomas Kapitel: S. 22, 25, 26, 29, 38, 41 unten, 42, 57, 62, 65 unten, 69, 70 unten, 78, 82 oben, 86, 105 unten, 114, 117, 118; Kreisarchiv Sigmaringen: S. 97; Kur- und Bäderbetriebe Bad Waldsee: S. 102 oben; Landesamt für Denkmalpflege im Regierungspräsidium Stuttgart, W. Hohl: S. 18; Landkreis Biberach: S. 37; Frank Mueller: S. 109; Museum Humpisquartier, Jehle Will: S. 41; Oberschwaben Tourismus GmbH: S. 37, Dietmar Denger: S. 77 unten, Frank Mueller: S. 5; Alexander Pohle: S. 110; Privates Heimatarchiv Carl Schwarz: S. 93 oben links; Ravensburger AG: S. 89; Sammlung Charlotte Mayenberger: S. 53, 90 oben; Sammlung Josef Metzler: S. 102 unten; Sammlung Matthias Metzler: S. 93 oben rechts; Sammlung Hans-Georg Rimmele: S. 85; Staatliche Schlösser und Gärten Baden-Württemberg: S. 73, Joachim Feist: S. 66, Tom Kohlbauer: S. 54, Achim Mende: S. 6, Frank Mueller: S. 61, Armin Weiss: S. 65 oben; Stadt Bad Saulgau, Achim Mende: S. 94 unten, Stadtarchiv: S. 113 oben; Stadt Meßkirch: S. 50; Stadt Ravensburg: S. 9, Felix Kästle: S. 45, Stadtarchiv: S. 81; Waldburg-Zeil'sches Gesamtarchiv Schloss Zeil: S. 49; Zentralarchiv der Firmengruppe Liebherr: S. 98; Landesmuseum Württemberg Inv.Nr. E 1234: S. 46.

Wikimedia Commons: ANKAWÜ, CC BY-SA 4.0: S. 70 oben; Franzfoto, CC BY-SA 3.0: S. 58; Gerd Eichmann, CC BY-SA 4.0: S. 73 oben; Kai Müller, CC BY-SA 4.0: S. 94 oben links; LepoRello, CC BY-SA 3.0: S. 21; NorbertWLang, CC BY-SA 3.0: S. 10; Störfix, CC BY-SA 3.0: S. 94 oben rechts.

Gemeinfrei: S. 73 unten, 74, 77 oben, 82 unten, 93 unten.

Vordere Umschlagseite: Hauptbild Basilika Weingarten © Manuel Schönfeld – AdobeStock; Bildleiste unten von links nach rechts: Der Bussen mit Burg und Kirche, Ausschnitt aus der Landtafel des oberen Donaugebietes von 1589, gemeinfrei; Schloss Sigmaringen um 1900, gemeinfrei; Ravensburg, Aussicht auf Stadt, Blaserturm und Mehlsack, © Franzfoto, Wikimedia Commons, CC BY-SA 3.0; Hintergrundbild: Alemannia sive Suevia Superior (Alemannien oder Oberschwaben), Karte von 1645, gemeinfrei; Freisteller Storch: © Studio 888 – Shutterstock.